ワールド・バリスタ・チャンピオンが教える

# 世界一美味しいコーヒーの淹《い》れ方

第15代ワールド・バリスタ・チャンピオン
井崎英典
Hidenori Izaki

JN221374

ダイヤモンド社

あなたはどんなコーヒーが好きですか？
好みの味は、人によって違います。
この本は、あなた好みの味に合わせた
「最高の1杯」を淹れる方法を教えます。

# はじめに

コーヒーは、世界中で最も親しまれている飲み物です。
世界の貿易取引額は、石油に次いで2番目。
まさにグローバルに人々を魅了する魅惑の飲み物です。

私は2014年に、世界最大のバリスタ競技大会であるワールド・バリスタ・チャンピオンシップで、アジア人として初めて優勝しました。

それ以来、海外で年間200日以上、バリスタの育成や、コーヒー関連機器の研究開発、コーヒーショップや大規模チェーンのコンサルティングを行い、コーヒーの啓発活動を行っています。いわば「コーヒーエヴァンジェリスト（伝道師）」として、世界中を飛び回る生活を続けています。

本書は、そうした経験と知見をもとに、「世界一美味しいコーヒーの淹れ方」をご紹介する本です。

「世界一美味しい」とは、

## 自分が本当に美味しいと感じられる自分好みの最高の1杯

を意味します。

コーヒーが持つ、複雑で奥行きのある味わいをわかりやすく紐解きながら、自分はどのような味わいが好きか、正しく把握できるようにする。

そして、その味を1回限りの偶然で終わらせずに、繰り返し再現できる手法を解説します。自分好みの味のコントロールができれば、自分自身を表現できるオリジナルの1杯を生み出すこともできます。


ちまたには数多くのコーヒーについての本がありますが、本書は単にコーヒーの淹れ方の手順をまとめたガイド本とは大きく異なります。

あくまで「自分好みの味」を知り、
あなたにとっての「最高の1杯」を
自宅で淹れる方法にこだわった1冊です。

そのため、写真だけを楽しく眺めて終わりにせず、〝読み物〟として構成しています。

最後まで読んでもらえれば、初級者から上級者、コーヒーショップのオーナー、バリスタを目指す人までが、コーヒーの淹れ方の論理を深く理解し、誰もが自分好みの「世界一美味しいコーヒー」を淹れることができるはずです。

なんとなくコーヒーの本を読んでみたけれど、

**・自分の豆の好みがわからない**
**・我流なので、この淹れ方で合っているか不安だ**
**・あまり美味しく感じられないけど、どう調整すればいいのか?**
**・みんなとちょっと違う、自分好みの味に近づけたい**

などの悩みを持つ人もいるでしょう。
本書は、生豆から抽出に至るまでの包括的な知識をまとめ、私が世界で培ってきた、今すぐ使える「淹れ方」の実践的なノウハウを徹底的に掘り下げて解説しています。

**本書を通して、**
**自分好みの「世界一美味しいコーヒー」を**
**探す旅に出かけましょう。**

自分好みの最高の1杯を探し当てることができれば、きっと日々の生活に至極の休息をもたらしてくれることでしょう。
自分に淹れるのもよし、愛する誰かに淹れてあげるのもよし、コーヒーを通じた幸せの連鎖が世界中に優しく、ホッと広がることを願っています。

２０１９年12月

井崎英典

# テクニック

## 世界レベルのバリスタ技術

世界最高レベルのバリスタ・テクニックを自宅で実現できる。味の黄金比となる抽出比率から、重さ、時間、温度、注ぎ方まで、繰り返し最高の1杯を入れるコツを伝授！

# 思考法

## 「美味しさ」の秘密

世界最先端の科学的知見をもとに、「美味しさ」を生み出す理屈をやさしく解説。なぜそうした方がいいかの意味がよくわかる。感覚や偶然に頼らない、ロジカルな手法を紹介。

# 自分アレンジ

## 味のコントロール

美味しいかどうかは、結局自分の好みによる。正解は1つじゃない。自分の好みを正しく把握しながら、それに合わせて、味を適切に調整していくことが可能になる。

初心者から上級者まで役に立つ！

# この本でわかること

好みの味

## 「自分の好み」を知る

コーヒーの味は複雑。ジャスミンの香り、オレンジのような味、などのプロ仕様の基準ではなく、明確な４つの後口を指標にした「味わい判定表」から、自分好みの味をつかむ。

豆選び

## 味との関係性がわかる

豆の種類が多すぎてわからない。何を基準に選べばいいのかわからない……。そんな人のために、生産国や品種、生産処理別の特性と、味との関係性をわかりやすく整理して解説！

全体の流れ

## シンプルに手順を解説

豆から焙煎、挽き具合、抽出まで、初心者でもわかるようにコーヒーを淹れる手順をシンプルに解説。誰でも今すぐ始められ、何となくやっていたことの意味が一気にわかる！

# る６つの要素

## 5

### GRIND
［ 挽く ］

味を変えるもの

**粒度**
**粗・中・細挽き**

豆の挽き目も味を大きく変える。粒度は、豆と水を混ぜる抽出の肝となる。焙煎度合いとの組み合わせで、好みの濃度を調整する方法を紹介。

## 6

### DRIP
［ 抽出 ］

味を変えるもの

**抽出**
**重さ・時間・温度・注ぎ方**

コーヒー豆は３割しかお湯に溶け込まない。いかに効率良く豆の成分をお湯に移行させるか。バリスタ直伝の６つのルールを紹介。

## コーヒーの味はどう決まるのか？

# 味をコントロールす

## 1~3
## BEANS
[ 豆 ]

味を変えるもの

**生産国**
**品種**
**生産処理**

料理と同じく、コーヒーもやっぱり素材が命。でも、値段が高ければ良いというわけではない。自分好みの豆を見つけるための「３原則」を紹介。

味に大きな影響を与える焙煎。でも焙煎度合いの基準は実は結構曖昧なのだ。味との基本的な関係を押さえつつ、１つ上の豆選びを紹介。

## 4
## ROAST
[ 焙煎 ]

味を変えるもの

**焙煎**
**浅・中・深煎り**

↓

## STEP 4

［ 蒸らし ］

挽いた豆の粉をドリッパーに入れ、規定の量のお湯を注ぎ、一定時間、蒸らす。

↓

## STEP 5

［ 抽出 ］

ドリッパーのお湯が抜けたら、複数回に分けてお湯を注ぐ。

↓

## STEP 6

［ 完成 ］

ドリッパーが完全にお湯抜けしたら完成。サーバーからカップにコーヒーを移す。

まずざっくり知っておきたい

# コーヒーの淹れ方

## STEP 1 ［ 豆選び・計量 ］

生産国や焙煎度合いなどから、好みの豆を選び、豆の重さを測る。

## STEP 2 ［ 挽く ］

規定の温度でお湯を沸かす。測った豆をグラインダーで、好みの挽き具合に挽く。

## STEP 3 ［ 温める ］

ペーパーフィルターをドリッパーにセッティング。湯通ししてドリッパーを温める。

## PROLOGUE

# 「世界一美味しい1杯」とは？



CONTENTS

ワールド・バリスタ・チャンピオンが教える
世界一美味しいコーヒーの淹れ方

## CHAPTER 1

# 味を決める豆の魔力



## CHAPTER 2

# 焙煎の魔法

## CHAPTER 3

# 抽出の思考法

CHAPTER 4

# プロに負けない最強の抽出メソッド

# CHAPTER 5

# 「基本味」5杯の魔法レシピ

## CHAPTER 6

## おすすめコーヒーグッズ18

# PROLOGUE

# 「世界一美味しい1杯」とは?

# 最高の1杯は「自分好みの味」を知ることから

**この章でわかること**

味を形作る「６つの要素」

「苦・酸」×「濃・薄」で味を捉える

「好みの味」の判定表

## 「自分好みの味」を探り当てるコンパス

世界一美味しい1杯に正解はありません。

抽出の分野における世界最高峰の大会でもある、ワールド・バリスタ・チャンピオンシップやワールド・ブリューワーズ・カップにおいても、毎年抽出のトレンドは変わっていますし、数年前に「素晴らしい！」とされていた味わいでさえ、現在では少し違和感を覚えることも多々あります。

例えば、国際的なドリップコーヒーのトレンドは、２０１６年までできるだけ少ない粉を使用して、細かく挽いたコーヒーを使用するものでした。しかし、ここ数年は微粉による「過抽出」を避けるため、粗めに挽いて少し多めのコーヒーを使うというように、我々コーヒープロフェッショナルの「正解」も頻繁にアップデートされています。

また、コーヒーは究極の嗜好品ですので、自身の抽出や味わいにこだわりのある人もたくさんいます。例えば、私にとって極端な深煎りは「焦げ」と同義ですので、許容できない味わいですが、「この焦げた感じが良いのだ」と言う人も当然います。

私の常識からは考えられないような味わいを「正解」としていることも多々あるのですが、それを間違っていると頭ごなしに否定することはできません。

私は世界中でコーヒーの抽出を教える機会があるのですが、**美味しさの定義とは文化背景や食生活にも影響を受けますし、それによって「正解」は変わるものです。**

ミクロに観察すると、家庭環境だったり、憧れの人の飲んでいたコーヒーを無意識に好きになっていたりと、正解がさまざまな形で存在します。だからこそ、「最高の1杯」に正解はないと思うのです。

私は幸運にも世界中で素晴らしいコーヒーを飲む機会に恵まれてきました。生産国の品評会で1位を獲得したコーヒー、ワールド・バリスタ・チャンピオンシップのファイナリストたちが淹れた究極の1杯、世界で最も高額なコーヒー、世界に3キロしか存在しない超希少ロット、通常は手に入らない極レア品種など、驚くほど希少なコーヒーの数々を味わい尽くしてきました。

コーヒーとは思えないエキゾチックな香り、とろけるような甘さ、透き通った綺麗な後口……言葉では形容できないほど、それらのコーヒーは素晴らしく、驚きに溢れた味わいでした。もちろん世界中のコーヒープロフェッショナルが悶絶するような品質です。しかし、我々コーヒープロフェッショナルが「素晴らしい」と感じた品質が世界中すべての人にとって「人生最高の1杯」になり得るかと問われれば、答えは間違いなく「NO」でしょう。理由は単純明快で、**品質的な正解と嗜好的な正解はまったくの別物だからです。**

そもそも「美味しさ」とは、どの文脈で語るかによって変わってきます。品質的に素晴らしいと感じていたとしても、個人的にあまり好みではない、ということはコーヒープロフェッショナルにも起こり得ますし、私自身よく経験しています。

かといって、品質的に圧倒的に間違っているコーヒーが好みだから、「そのコーヒーがあなたにとって世界一美味しいコーヒーだ」と断言するつもりはありません。なぜなら品質には正解があって、国際的に認められる基準が存在するからです。

もし品質的に圧倒的に間違っているコーヒーを好みだと主張するなら、それは単純に品質的な間違いを「知らない」だけなのです。

したがって、「品質的な正解＝正しい品質とは何か?」と、「嗜好的な正解＝自分好みの味わいとは何か?」を分け、客観的にその違いを理解する必要があります。

私は「世界一美味しいコーヒー」とは、**「正しい品質の範疇に存在する自分好みの味わ**

**い」**だと思います。本書は「世界一美味しいコーヒーの淹れ方」を謳《うた》っているわけですから、品質的な正解とは何か示した上で、究極の「自分好みの味わい」を探り当てることがゴールです。

本書は品質や抽出における正しい基準を示した上で、自分好みの味わいを探り当てるための「コンパス」のように機能します。あなたにとっての「自分好みの最高の1杯」を探り当てていきましょう。

## 味わいに影響を与える6つの要素

「自分好みの最高の1杯」を探す上で、避けては通れないのが、**「自分好みの味わい」**を知ることではないでしょうか。

しかし、無限に存在するコーヒーの味わいから自分好みの味わいを知る、という行為は非常にハードルが高いと思います。

コーヒーの味わいの表現は多岐にわたります。例えば、フルーツのような味わいがある、

世界一美味しいコーヒーとは、
正しい品質の中における
自分好みの味わいのこと。

花のような香りがある、チョコレートのような味わいがある、などフレーバーの表現は多様であり、その表現は文化的な影響を受けやすく、絶対的な正解がないとも言えます。

したがって、自分好みの味わいを知るには、まず**「味わいを形作る主な要素」**を学ぶことが大切です。

コーヒーの味わいに影響を与えるのは、次の6つの要素です。この6つは、次章から1つずつ詳しく解説していきますので、ここでは大まかに把握しておいてください。

なお、イメージしやすいように、それぞれの要素を人にたとえて説明してみます。

### ❶【生産国：骨格】

生産国は人間でたとえるなら、骨格です。味わいを形作る大前提であることを覚えておいてください。骨格による体のサイズの大小と同じように、コーヒーも生産国次第で大きく味わいの傾向が変わります。

### ❷【品種：人種】

品種は人間でたとえるなら、人種です。同じ人間だけれども、人種によって見た目も変わるように、コーヒーも、同じ生産国であっても、品種次第で味わいの傾向は劇的に変わります。

### ❸【生産処理：性別】

生産処理を人間でたとえるなら、性別でしょう。性別次第で体の作りも決まるように、生産処理でコーヒーの味わいの傾向も大きく変わります。

### ❹【焙煎：体型】

焙煎は人間でたとえるなら、体型です。体型は遺伝的な要素もありますが、基本的に自分の意思で変えることが可能です。体型と同じように、焙煎も浅く煎るか、深く煎るか選択することによって味わいが大きく変わります。

### ❺【粒度：化粧・髪型】

粒度は人間でたとえるなら、化粧や髪型に近いイメージです。化粧や髪型がその人に合っている場合、見違えるように印象は変わります。プロに化粧やヘアメイクをしてもらうと、素材は同じでも印象がガラリと変わるのと同じです。

### ❻【抽出：アクセサリー（腕時計）】

抽出は人間でたとえるなら、アクセサリーや腕時計だと思ってください。素敵なアクセサリーや腕時計がその人の印象をさらに良好にしてくれるように、抽出の出来不出来がそのコーヒーの印象に影響を与えます。

前半の❶～❸の「骨格」「人種」「性別」は生まれ持ったものですが、後半の❹～❻の「体型」「化粧・髪型」「アクセサリー（腕時計）」は自分の意思で変えることができます。

人間と同じように、コーヒーも❶～❸の「生産国」「品種」「生産処理」の3つは、そもそも自分の意思でコントロールすることができない味わいで、❹～❻の「焙煎」「粒度」「抽出」の3つは、自分の意思でコントロールできる要素だと覚えておいてください。

すなわち、自分好みの味わいを探し当て、自分好みのコーヒーを抽出するためには、

**①②③の組み合わせ ➡ 大まかな好みの味わいを知る**

**④⑤⑥の組み合わせ ➡ 自分好みのコーヒーを抽出する**

以上のフローを理解することが、「世界一美味しい1杯」を飲むために重要なのです。

## 図01 味わいを形作る6つの要素

| | 要素 | 人にたとえると | |
|---|---|---|---|
| 1 | 生産国 | 骨格 | 味わいを形作る土台。味の大きな傾向が決まる。 |
| 2 | 品種 | 人種 | 品種によって葉の形状や実の色合いが違う。風味特性も当然異なる。 |
| 3 | 生産処理 | 性別 | 同じ農園で収穫されたコーヒーでも、生産処理方法が異なれば、男女の違いと同じくらい風味特性が変わる。 |
| 4 | 焙煎 | 体型 | 焙煎度合いで、味の傾向はある程度予測ができる。 |
| 5 | 粒度 | 化粧 髪型 | 味わいをより引き出すか、引き出さないかを選択でき、味の印象はガラリと変わる。 |
| 6 | 抽出 | アクセサリー（腕時計） | 抽出の出来不出来でコーヒーの印象は決まる。素材の持ち味を引き出す工程。 |

# コーヒーは結局「苦いか・酸っぱいか」

コーヒーを飲み慣れていない人にとって最初にぶつかる壁は、「自分好みの味わい」がわからないことではないでしょうか。

特に近年、スペシャルティコーヒー*を扱うコーヒーショップでは、「フローラル」「チョコレート」「パッションフルーツ」「オレンジ」など、「フレーバー」で味わいを分類する傾向があります。

確かにスペシャルティコーヒーには、コマーシャルコーヒーとは一線を画した特筆すべき味わいやフレーバーが存在します。それはワインの味わいの表現にも似ていて、困惑する人もいるでしょう。

しかし、それらのフレーバーの表現を見て、すぐさま「私の好みはオレンジのような味わいなんだよね」とはなり得ないですし、そもそも理解が難しい非常にハードルの高いステップだと思います。

＊日本スペシャルティコーヒー協会によると「消費者（コーヒーを飲む人）の手に持つカップの中のコーヒーの液体の風味が素晴らしい美味しさであり、消費者が美味しいと評価して満足するコーヒーであること。カップの中の風味が素晴らしい美味しさであるためには、コーヒーの豆（種子）からカップまでのすべての段階において一貫した体制・工程・品質管理が徹底していることが必須である」と定義されている。

コーヒーにフルーツや花のような香りや味わいを見出すためには時間と経験が必要ですので、最初はフレーバーで好みを探るのではなく、「味わい」で好みを探るべきだと思います。

味わいとは、「基本味」として認識できる味わいを指します。コーヒーの基本味は主に、甘味、酸味、苦味で表現され、ごく稀に塩味やうま味に関連する味わいで表されることもあります。

コーヒーのプロとして、さまざまな味わいでコーヒーを形容したくなりますが、コーヒーは結局**「苦いか酸っぱいかだよね」**とお客様に指摘されたことがあります。当時は「そんな乱暴な分類があるか！」と思っていましたが、時間が経つにつれて「その考え方も一理あるかな」と思うようになりました。

確かに、コーヒーそのものの風味特性を無視して、焙煎が形作る味わいのみに焦点を当てた場合、焙煎が深ければ苦くなりますし、焙煎が浅ければ酸味が強くなります。「苦味」が好みか、「酸味」が好みか、この2つの好みまで分類することができれば、圧倒的にザックリとした判断にはなりますが、自分好みの方向性を学ぶことができるでしょう。

当然、飲み慣れてくると、自分の好みの範疇において、「このコーヒーは同じ焙煎度合いなのに少し甘く感じるな」など、細かい違いに気づくことができると思います。

しかし大前提は、自分の好みの大まかな味わいの方向性を最初に学ぶことであり、その後自分の好みを細分化することで自分好みのコーヒーにより一層近づくことができます。

したがって、まずは次のように考えてみましょう。

**苦味が好きな方➡焙煎が「深め」のコーヒーを選ぶ**
**酸味が好きな方➡焙煎が「浅め」のコーヒーを選ぶ**

焙煎が深くなればなるほど、苦味が生まれ、焙煎が浅ければ浅いほど、酸味を感じます。玉ねぎを炒める光景を想像してみてください。玉ねぎにサッと火を通せば、水々しい味わい、つまり酸味のある味わいになり、火を通し続ければ行き着く先は焦げ、すなわち苦味のある味わいになります。

苦味や酸味は焙煎度合いに大きく影響を受けますので、まずは焙煎度合いに着目した上でコーヒー選びをしてみましょう。焙煎度合いで苦味と酸味を大まかに分別することで、コーヒー選びにおいて間違いを犯すリスクを下げることができるのです。

## 「自分好みの味わい」を捉える判定表

苦味と酸味はわかりやすい指標ですが、当然それだけでは、自分好みの「世界一美味しいコーヒー」に出会うことは困難です。

そこで、本書では味わいの判定基準を４象限で示したいと思います。この４象限を参考に、みなさんが味わいを把握し、自分好みの味わいに効率良く辿り着けるようにしています。

本来であれば、コーヒーにはプロが使用する多様な指標が存在しますが、本書ではなるべく多くの人が共通理解を持つ味わいの表現を使用し、より簡易的に味わいを捉えられるように構成しています。自分好みの味わいを知るために参考となる、「味わいの道しるべ」として活用していただければと思います。

まず、図2をご覧ください。横軸を**「酸味と苦味」**、縦軸を**「濃度の高低」**でプロットしていますｊ。コーヒーの味わいに大きな影響を与えるのは**「焙煎」**であり、極端な言い方をすれば、焙煎次第でコーヒーは苦くもなり、酸っぱくもなります。

苦さや酸っぱさは誰しもがわかる味わいの表現であり、少なくとも「このコーヒーはジャスミンのような香りがする」という表現より、客観的に判断できる指標です。

次に客観的に判断しやすい指標は**「濃度感」**です。濃度感は文字通り「濃いか薄いか」ですので、液体の濃度感も判断がつきやすい指標だと言えます。濃度感はコーヒーの味わいに大きく影響を与えますので、酸味と苦味に並び、重要かつ明確な指標となります。

そして濃度感と酸味と苦味の組み合わせによって顕著となるのが**「後口」**です。後口もまた味わいの指標として一般的ですので、後口を**「キレ」「コク」「スッキリ」「まろやか」**と分類しました。なお、どの味わいも適度に併せ持つのが中心の**「バランス」**です。

キレは酸味と濃度の高さ、コクは苦味と濃度の高さ、スッキリは酸味と濃度の低さ、まろやかは苦味と濃度の低さから生じると定義しています。

すなわち、酸味と苦味、濃度の高低の組み合わせ次第で、結果として生まれる後口の表現も変わるのです。例えば、コクがある後口のコーヒーが好きだ、という方は、❷周辺を狙って味わいを修正する必要があります。

具体的には、焙煎度合いが深め（＝苦味）の豆を選び、粒度を細かく（＝濃度を高めて）

## 図02 味わい判定表

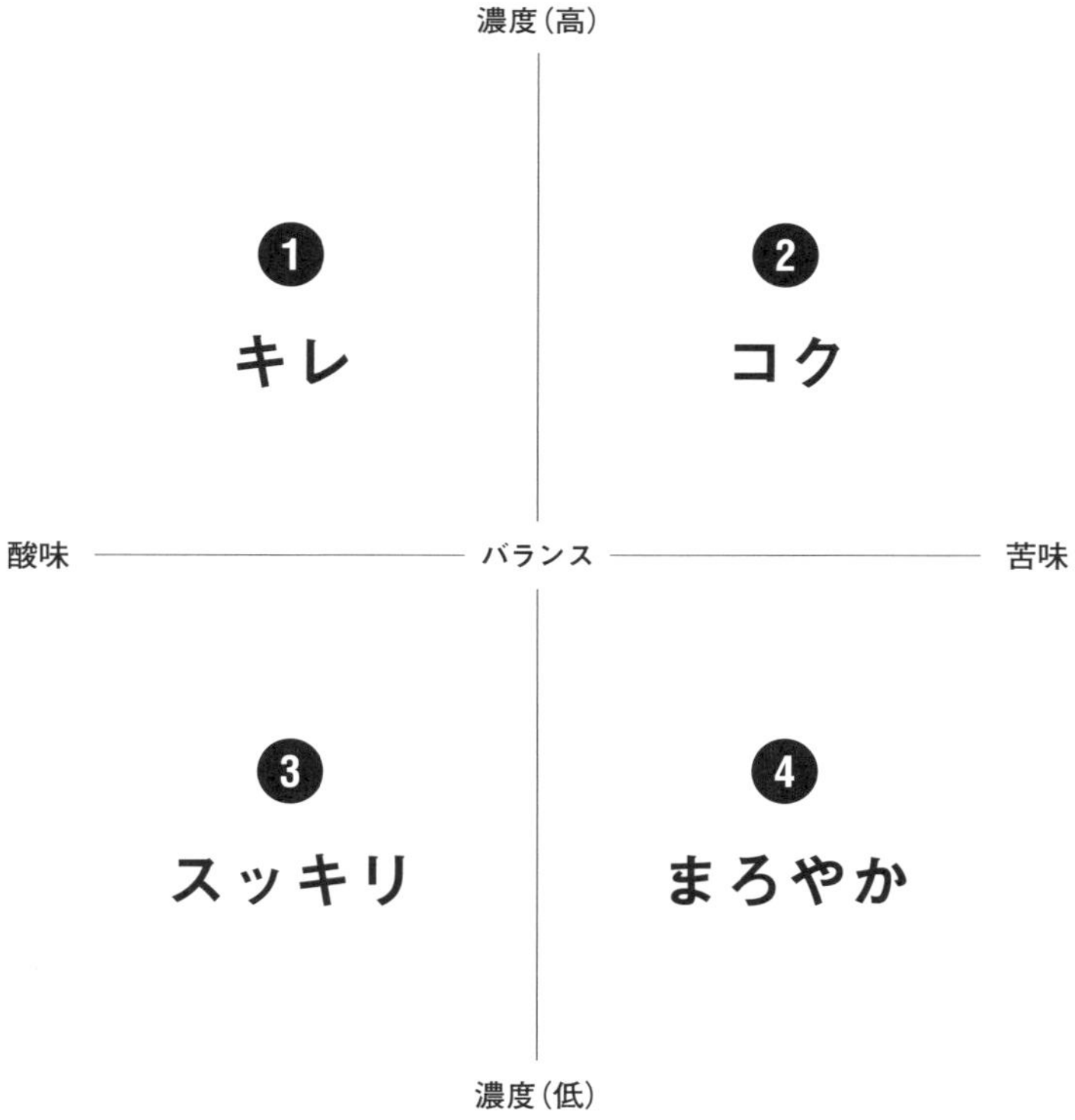

することで、コクのある後口のコーヒーにグッと近づけることができるのですが、そうしたテクニックについては後ほど詳しく説明していきます。

前の節で説明した通り、生産国、品種などの6つの要素で味わいの印象は大きく変わりますが、それは突き詰めると、どのような「キレ」「コク」「スッキリ」「まろやか」感が好みなのか、という後口によって分別できます。

よって、味わいの判定基準は、この4つで考えるのが便利です。

自分好みのコーヒーに出会うために最も重要なことは、自分自身の好みの味わいを言語化できるか否か、とも言えるでしょう。そのために、本書では根幹となる味わいの指標に、一般的かつ馴染み深い表現を用いています。

4つの後口を判定基準に据えて、いかに自分好みの世界一美味しいコーヒーに調整していくのか、次章から段階的にご説明していきましょう。

## 図03 ４つの後口とは？

| | 後口 | 解説 |
|---|---|---|
| 1 | キレ | 濃度感があり、酸味の強い味わいを「キレ」と定義する。本書では、後口が尾を引かず酸味と共に爽やかに終わる味わいを「キレ」としている。 |
| 2 | コク | コクは、５味（甘味・酸味・苦味・塩味・うま味）が増強された状態である、と認識されており、多様な要素が関連しているが、中でも濃度感は重要とされており、本書では濃度感のある苦味と合わさることでコクが生まれると定義する。 |
| 3 | スッキリ | 程よい酸味と濃度の低さから生まれる味わいを「スッキリ」と定義する。濃度が低くなることで、液体自体の重さの度合いが下がり、爽やかな酸味と共にスッキリした清涼感を後口で感じられる。 |
| 4 | まろやか | ほのかな苦味と濃度感の低さから生まれる味わいを「まろやか」と定義する。低めの濃度感とほのかな苦味がまろやかさを感じる後口につながると定義する。 |
| | バランス | 酸味と苦味のバランスが取れ、濃度感も高すぎず低すぎず、どの味わいも適度に持ち合わせた後口。 |

## 複雑な味をフレーバーで表す

ワインやチョコレートの世界では、素材の味わいを、「まるで~を思わせる味わいがある」と表現します。コーヒーも同じです。

例えば、「ジャスミンのようだ」と表現されるようなコーヒーや「ストロベリーのようだ」と表現されるコーヒーもあります。

専門的なことを言えば、味わいを評価する方法は「カッピング」と呼ばれています。

簡単に説明すると、粉の香りを確認し、お湯を注いでカッピングボウル(テイスティング専用の器)から立ち上る香りを確認し、上澄みを取って、熱いときから冷めるまで味わい、その品質を評価します。

その際に、カッピングスプーンと呼ばれる、大きなスプーンでコーヒーを啜《すす》って、霧状にして口に含むことで、繊細な味わいまで余すことなく評価します。

コーヒー専門店で焙煎豆を購入する際、「チョコレートのような味わい」「ジャスミンのような味わい」と表記された商品説明カードを目にしたことがあるかもしれませんが、それはカッピングによって評価されたフレーバープロファイルと呼ばれる評価です。

実際にチョコレートやジャスミンの香

料が入ったコーヒーを販売しているわけではなく、それらの香りを思わせるコーヒーである、という表現の一種です。

好意的に使用されるフレーバーの種類は大きく分けて次の通りです。

・フルーツ系
・フローラル系
・チョコレート系
・ナッツ系
・スパイス系

フルーツ系・フローラル系は「キレ」「スッキリ」で感じやすく、チョコレート系・ナッツ系・スパイス系は「コク」「まろやか」で感じやすいと思います。

フルーツ系やフローラル系のフレーバーが、「キレ」「スッキリ」で感じやすい理由は、それらが酸味から連想しやすいとされるフレーバーであることがあげられ、したがって焙煎度合いの浅い豆から感じ取りやすいと思います。

また、フローラルな香りを連想させる化学物質は揮発性の高い物質であるとされ、焙煎が深くなればなるほど感じにくいとされています。

チョコレート系・ナッツ系・スパイス系に関しては「コク」「まろやか」で感じやすいフレーバーですが、焙煎度合いが深くなることで生まれる苦味や香ばしさからチョコレートやナッツのような香りを感じ取りやすくなります。

また、スパイス系の香りに関しては、生産国や生産処理方法にもよりますが、中でもインドネシアのコーヒーはスパイス系の香りがよく引用されます。

豆の購入時に、万が一フレーバーの説明で悩んだときは、焙煎度合いに応じた大まかな自身の好みから味わいを類推すると間違いが少ないと思います。

また同様にフレーバーの表現を学びたい場合も、焙煎度合いに応じたフレーバーの傾向を掴んだ上で、フレーバーを類推する方法が最適だと思います。

# CHAPTER 1

# 味を決める豆の魔力

# 「豆の3原則」を知る者がコーヒーを制する

**この章でわかること**

「生産国」別の味の特徴

「品種」による味の違い

「生産処理」で異なる風味特性

## コーヒーは素材が命——最初のチェックポイント

美味しいコーヒーを抽出するための第一歩は、何と言っても「素材選び」に尽きます。言うなれば、料理と同じようにいかに良い素材を買い付けることができるのか、という作業に似ていると思います。

例えば、どんなに高性能の炊飯器を持っていたとしても、お米の品質が悪ければ、お米の品質以上の味わいを引き出すことはできません。

つまり、美味しいコーヒーを抽出する第一歩は、**素晴らしい素材を選択することから始まるのです。**それでは、どうすれば良い素材を選択できるのでしょうか。まずは次の3点を基準にしてみてください。

### ❶豆の詳しい情報が書いてあるか？

まずは、コーヒーの銘柄に着目しましょう。詳しく情報が記述されている方が、良い素材である可能性が高くなります。

例えば、国名だけ記述している場合は要注意です。「ブラジル」と表記されている場合、一体日本の何倍広いのか、と思いませんか。お米に置き換えて考えてみると、「日本」と表示されているようなものですよね。

逆に、国名だけでなく、栽培地域、農園名、生産者などの細かい情報が記載されている場合はより良いコーヒーである期待が持てます。

なぜそこまで情報にこだわるかと言うと、より情報が明確になっているコーヒーの方が、**透明性の高い取引のもと、買い付けられたコーヒーである可能性が高いからです。**

透明性が高い取引となると、現地までバイヤーが足を運んで買い付けているか、もしくは信頼の置ける輸入業者が買い付けたコーヒーである可能性が高いと言えます。

特にスペシャルティコーヒーの世界では、トレーサビリティが重視されており、高品質のコーヒーは、いつ、どこで、誰が、どのように栽培したコーヒーなのか、よくわかる仕組みになっています。したがって、なるだけ情報が明確なコーヒーを探すと、コーヒー選びでつまずくことは限りなく少なくなると思います。

## ❷焙煎日が記載されているか？

次に重要なのは、焙煎日の記載です。コーヒーは永遠に味が変わらないと思い込んでいる消費者の方々はたくさんいると思います。はっきり申し上げて、それはあり得ません。コーヒーは生鮮食品です。保存方法にもよりますが、時間が経てば経つほど、コーヒーの風味や味わいが徐々に劣化していきます。

すなわち、食品に望ましい食べ頃があることと同じように、コーヒーにも飲み頃があります。そこで、購入前にぜひチェックしてもらいたいのは、焙煎日の記載の有無なのです。

もし、手に取ったコーヒーが焙煎日から数カ月も経ったコーヒーなら、購入はおすすめできません。

コーヒーの飲み頃は、焙煎方法や保存方法、豆で購入するか、粉で購入するかによっても異なりますが、豆で購入して常温保存した場合、**優しく見積もって焙煎後1カ月、本当に品質にこだわるならば、2週間程度が限度です。**劣悪な環境で保存し、粉で購入した場合はさらにそのスパンは短くなります。

したがって、同じ金額を払うならば、賞味期限が長い「豆」の状態での購入をおすすめします。焙煎日のチェックは非常に重要な作業です。焙煎日から起算して、余裕を持って新鮮なうちに美味しく飲み切ることができる量を買う癖をつけましょう。

コーヒーは素材が命。
豆の品質が悪ければ
それ以上の味わいを
引き出すことはできない。

## ❸店頭で豆は入れ替わっているか？

また「売り場」を見わたすことも実は重要なテクニックです。

生豆本来の新鮮さは重要な要素ですが、いかんせん消費者サイドから見ると知りようのない情報であることも事実です。

そこで試していただきたい方法は**「売り場のコーヒー豆が定期的に入れ替わっているかチェックする」**ということです。高品質なコーヒーを取り扱っているロースターの生豆は基本的に「売り切り」です。ブレンドなど通年提供される商品を除き、シングルオリジン*はその年に収穫されたコーヒーがなくなればそれで終売となります。

またコーヒーは収穫期が生産国によって異なります。したがって、コーヒー豆が輸入され、店頭に並ぶまで生産国によってタイミングが異なりますので、定期的に店頭のコーヒー豆が入れ替わります。

例えば、中米のコーヒーが店頭に並び始めるのは、お店側の在庫状況や輸入方法にもよりますが、夏頃から秋頃が一般的です。つまり、同じ銘柄が通年在庫あり、という状況は品質的には好ましくありません。定期的にコーヒー豆が入れ替わっているロースターは、新鮮な生豆を使用しているロースターである可能性が高い、と考えることができます。

以上の3点を、まずは豆選びの基準として頭に入れておいてください。

＊生産国単位（ストレートコーヒー）で捉えず、農園、組合、品種などより小さい単位で捉えたコーヒー

**豆の情報** ↓ **生産国以外の情報もあるか？**

**保存期間** ↓ **焙煎後、時間が経っていないか？**

**店頭状況** ↓ **豆が定期的に入れ替わっているか？**

それでは、プロローグで紹介した味を決める6つの要素のうち、〝好みの味わいの大枠〟を決める「生産国」「品種」「生産処理」の3つについて、これから説明していきましょう。

## 「生産国」から味わいの特徴をざっくり知る

コーヒーの味わいは、テロワール（その土地固有の生育環境）、マイクロ・クライメイト（微細気候）、品種、生産処理、焙煎、抽出など複雑な工程を経て、作り出されます。したがって、味わいで国ごとやエリアごとに厳密に分類することは不可能なのですが、どう選べば良いのかわからない、という人も多いと思います。

そんな人のために、馴染み深い銘柄をピックアップし、エリアごとにざっくり「味わい判定表」に対応させる形で分類した、味わいガイドをお伝えできればと思います。

なお、焙煎度合いについては、中煎り程度を目安にしています。焙煎度合いが深くなれば、全体的にマトリックスの右側に味わいがスライドし、焙煎度合いが浅くなれば、全体的にマトリックスの左側に味わいがスライドするイメージを持って応用してみてください。

南米（ブラジル・コロンビアなど）

## バランス系「甘さと酸味のバランス」

ブラジルは日本で最も馴染み深い生産国ではないでしょうか。「コーヒーと言えばブラジル」と言っても過言ではないほど、市民権を得ていると思います。そんなブラジルのコーヒーは、**バランスの良い味わい、酸味は穏やかで丸みのある味わい**が特徴的なコーヒーです。

コロンビアは、軽やかな酸味と甘味のバランスが絶妙な味わいです。この2銘柄の南米のコーヒーは、甘味と酸味のバランスが取れた味わいと言えますが、より酸味が抑えられたコーヒーが良い、という方はブラジル、バランスは重要視したいけど、酸味は欲しい、という方にはコロンビアがおすすめです。

## 中米（パナマ・グアテマラなど）

### キレ・スッキリ系「軽やかで爽やかな酸味とフルーティー感」

中米は、パナマ、グアテマラ、コスタリカ、エルサルバドル、ホンジュラス、メキシコなど数多くの名産地が集まる地域とも言えます。中米は総じて、世界のコーヒー産地の中でも標高の高い地域が多く、酸味や風味特性に優れたエリアが多く見られます。ゲイシャ種に代表されるさまざまな品種が数多く栽培されているのも、中米の特徴と言えるのではないでしょうか。

そんな多様性に優れた中米の生産エリアの味わいの特徴を一括りにするのは気が引けますが、味わい判定表で表現するとキレ・スッキリ系の酸味に特徴のある味わいが多いと思います。

**軽やかな味わいや柑橘系の爽やかな酸味**は中米で栽培されたコーヒーの大きな特徴です。中米は酸味に伴うフルーティーさを味わう絶好の栽培エリアだと言えます。

## 図04 エリアごとの味わいの分類

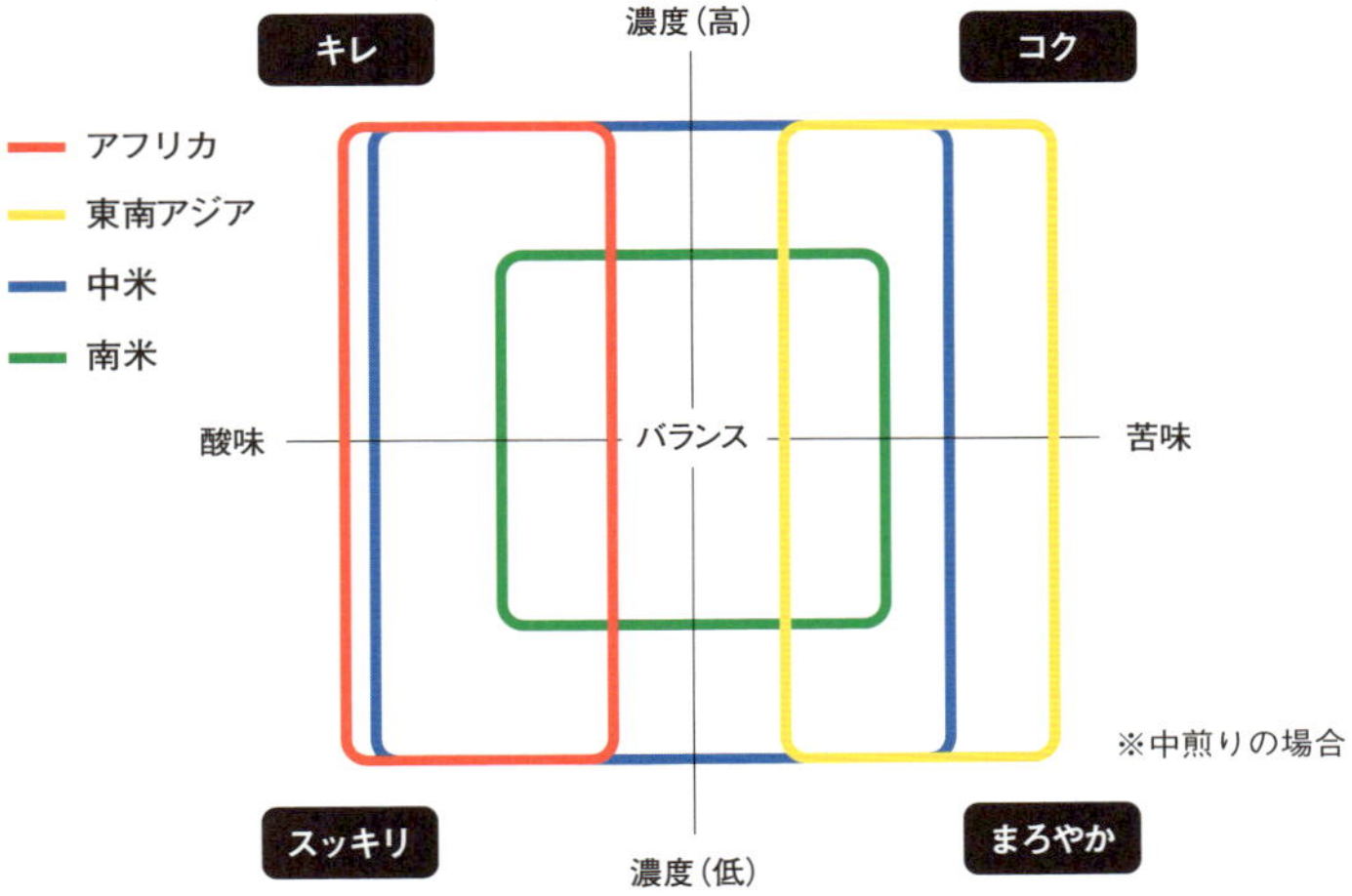


コーヒー豆の主な生産地域

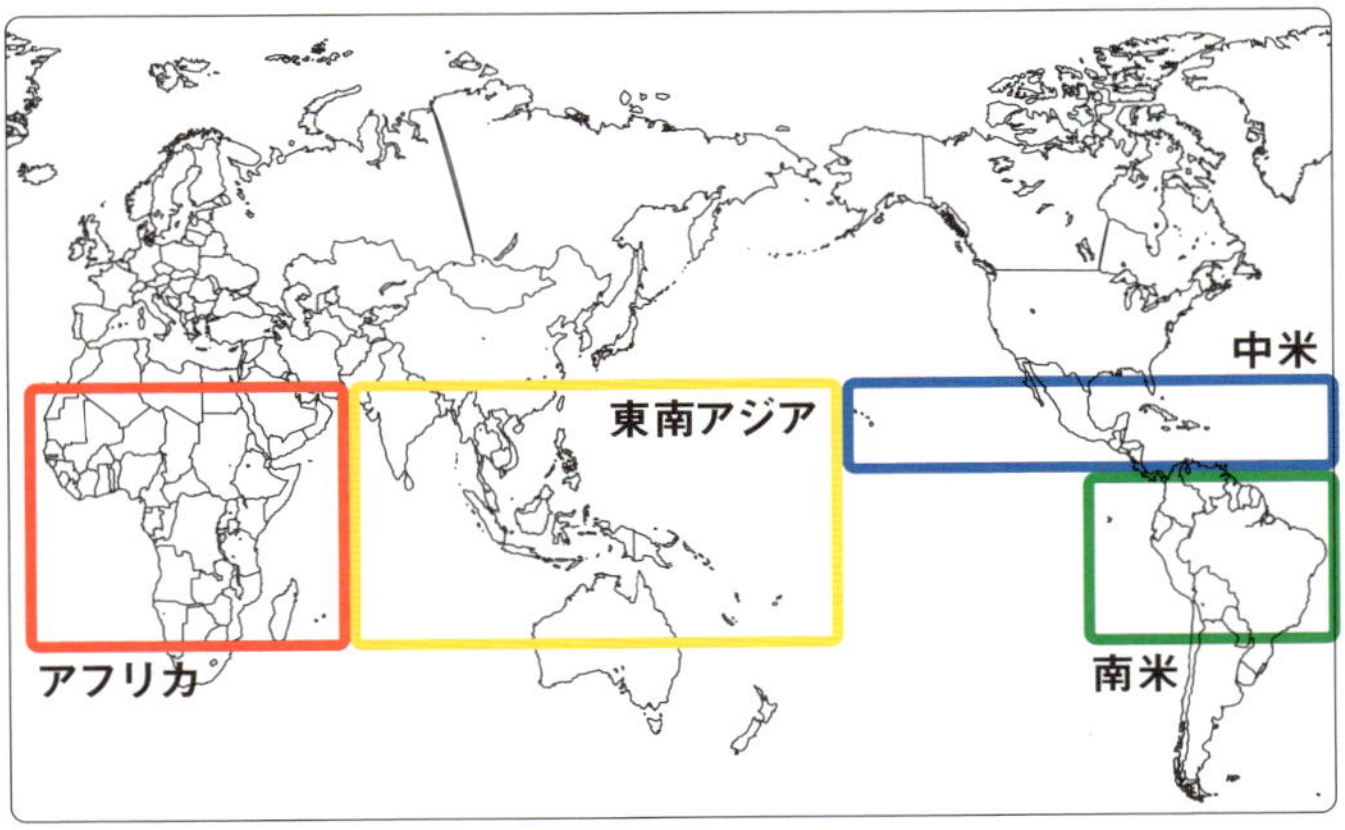

## アフリカ(エチオピア・ケニアなど)

### キレ系「芳醇で濃厚な香りと際立つ酸味」

アフリカを代表する2大産地と言えば、ケニアとエチオピアではないでしょうか。特にエチオピアは「コーヒーが生まれた地」とも呼ばれており、花のようなエレガントな香りとフルーティーさに定評があります。

またケニアは、日本にも根強いファンがたくさんいます。そのキリッとしたキレのある酸味と、柑橘系やベリー系を連想させる香りが多くのファンを虜にしています。エチオピアもケニアも総じて酸味に特徴があり、ボディは軽やかです。**エレガントでフルーティーな香りと酸味**を楽しみたい場合にアフリカ系はおすすめです。

## 東南アジア(インドネシアなど)

### コク系「ボディと苦味の重厚な風味」

東南アジアの生産国で、日本で1番有名な銘柄は「マンデリン」で知られるインドネシアではないでしょうか。インドネシアは一言で表すと「力強い味わい」と言えます。

## 図05 エリアごとの味の違い

| | 味の特徴 | 国 | 代表的な生産エリア／銘柄 |
|---|---|---|---|
| 南米 | **バランス**<br>甘さと酸味のバランス | ブラジル<br>コロンビア<br>エクアドル<br>ペルー<br>ボリビア | ブラジル／カルモ・デ・ミナス<br>ブラジル／サントス<br>コロンビア／ウィラ<br>コロンビア／スプレモ |
| 中米 | **キレ・スッキリ**<br>軽やかで爽やかな酸味とフルーティー感 | パナマ<br>グアテマラ<br>コスタリカ<br>エルサルバドル<br>ホンジュラス<br>メキシコ<br>ニカラグア<br>ジャマイカ | パナマ／ボケーテ<br>グアテマラ／アンティグア<br>コスタリカ／タラス<br>コスタリカ／コスタリカSHB<br>エルサルバドル／サンタ・アナ<br>ホンジュラス／サンタ・バーバラ<br>ジャマイカ／ブルーマウンテン<br>ハワイ(アメリカ)／コナ |
| アフリカ | **キレ**<br>芳醇で濃厚な香りと際立つ酸味 | ケニア<br>エチオピア<br>ルワンダ<br>ブルンディ<br>タンザニア | ケニア／ニエリ<br>エチオピア／シダモ<br>エチオピア／モカ<br>タンザニア／キリマンジャロ<br>イエメン(中東)／モカマタリ |
| 東南アジア | **コク**<br>ボディと苦味の重厚な風味 | インドネシア<br>ベトナム<br>タイ<br>フィリピン | インドネシア／スマトラ島<br>インドネシア／マンデリン<br>中国／雲南 |

アーシー（土っぽさ）を感じさせる香り、重厚感のあるボディ、程良い苦味が調和するとてもユニークな生産国です。深煎りにも適していますので、**ガツンとした苦味とコク、エキゾチックな香り**を楽しみたい場合におすすめな銘柄です。

## コーヒーは植物。「品種」で味も変わる

コーヒーは植物の種子であることをご存知ですか。コーヒーは、「被子植物門双子葉植物綱キク亜綱アカネ目アカネ科コーヒーノキ属」に分類されます。品種にもよりますが、熟すと赤色や黄色の美しい果実を実らせます。

その果実のことをコーヒーチェリーと呼び、通常は実の中に2つの種子を実らせます。この種子こそが、我々が普段目にするコーヒーなのです。

ちなみに、このコーヒーチェリーを食べること（食べると言ってもほとんど果肉はありません）は、コーヒーに携わる者にとっては夢のようなことなのですが、きちんと熟したコーヒーチェリーは、糖度が20度を超えるほど濃密な甘さを持ち、品種によってはパパイ

ヤのような独特の味わいがあります。

また、コーヒーノキの発育は、緯度、標高、気温、降水量、日照量、土壌など数々の環境要因（＝テロワール）に影響を受けます。コーヒーノキは常緑の葉を持つ低木ですが、野生の状態では10メートルを超える高さまで成長することもあります。ただ、農園では収穫時の労力を考慮して、約2メートル程度の高さに剪定されている場合がほとんどです。

平均的にコーヒーノキは、長い寿命の木で80年、一般的に30年ほど生きますが、中には100年以上生きる木も原生林には存在するようです。そのサイクルは、種子の発芽から始まり、開花、そして結実、という流れで分類されます。品種にもよりますが、生産性の高い品種だと3年ほどで本格的に収穫を開始できるスピードで成長します。

コーヒーノキは、コロンビアなど赤道に近い国を除き年に1回結実するのが基本です。降雨の後に、白い花を咲かせ、その後果実を実らせます。この花はまさにジャスミンのような香りを放ち、開花期の農園を訪問すると農園中がジャスミンのような香りで包まれます。コーヒーの花で白く彩られた農園は、ジャスミンのようなエレガントな香りも相まって、非常に幻想的な光景を醸し出します。

また、コーヒーは多様な種や亜種を持ち合わせている非常にユニークな存在と言えます。つまり、種や亜種が多様に存在するということは、コーヒーの風味特性も同じように多様に存在すると言えます。

## 「テロワール×品種」が唯一無二の味を生む

コーヒーノキには、我々に馴染み深い種が、大きく分けて2つ存在します。

**❶コフィア・カネフォラ**
**❷コフィア・アラビカ**

コフィア・カネフォラは**「ロブスタ」**という名称でよく知られています。ロブスタ種は、生産量がアラビカに比べて多く、品質的に劣るとされています。しかし、病害に強く、生産も比較的安定しているため、缶コーヒーやインスタントコーヒーに代表される加工用作物として主に消費されています。

コフィア・アラビカは、我々が一般的に認識している**「アラビカ種」**になります。アラビカはロブスタと比べて生産量は少なく、病害に弱いのですが、高品質なコーヒーの多くはアラビカ種から生産されています。実は、アラビカ種は数多くの品種を持ち、その品種によって風味特性に大きな差があるものもあります。

人種によって人間の外見的特徴が異なるように、コーヒーノキの形状、葉の色、コーヒーチェリーの色や形状など、品種によって見た目は大きく異なります。

驚くべきことに、**品種によってコーヒーの味わいも大きく変わります**。今まで国名を基準に選んでいた方に、ぜひ本書を通して品種で選ぶ楽しさを覚えて欲しいと思います。

さて、現在世界を席巻している1番わかりやすい品種と言えば、**「ゲイシャ種」**でしょう。ゲイシャ種とはエチオピアのゲシャ村にて発見されたエチオピア原産の品種です。ゲイシャ種は4象限の「味わい判定表」で説明すると**「キレ・スッキリ」**のカテゴリーに当てはまる味わいが特徴です。香水や花のようなゴージャスな香りと、フルーティーな酸味や甘さが特徴の品種です。

このゲイシャ種が注目されたのは、2004年に中米のパナマにて開かれた「ベストオブパナマ」という品評会で、エスメラルダ農園がこの品種を出品したことがきっかけでした。前述の驚くべきフレーバーとフルーティーな酸味や甘さに多くの審査員が高評価を付け、それ以来世界中のマーケットにて高値で取引される品種となっています。

そして、世界で1番価格が高い品種も、このゲイシャ種です。2019年のベストオブパナマのオークションで、世界で最も高いコーヒーの価格が更新されました。それはなんと1029USドル／1ポンド（453.592グラム）でした。ニューヨークの先物取引市場の平均取引額が1ドル少々だと考えると、なんと約1000倍の高値で取引されています。

さらに驚くべき価格がつけられたのが、パナマとエチオピアに農園を持つ会社が中東の会社に販売したゲイシャ種でした。販売価格はなんと1万USドル／1キロでした。純粋な生豆だけの原価で考えて、1グラムあたり10USドルになります。

極端な例をあげましたが、「ゲイシャ種」が世界中で大きなトレンドとなっていることは事実です。また、パナマだけではなく、その他の生産国でもゲイシャ種の栽培が始まっていますので、ゲイシャ種の華やかな特徴と各国のテロワールを同時に楽しむこともできるかもしれません。

ゲイシャ種だけでなく、コーヒーにはたくさんの品種があります。品種が異なれば、味わいも当然異なります。今まで生産量や耐病性重視の品種の開発や選定が歴史的に行われてきたことも事実ですが、スペシャルティコーヒーの出現によって、品種の持つ風味特性

## 図06 代表的な品種

| 種 | 品種 |
|---|---|
| アラビカ種 | ティピカ<br>ブルボン<br>カトゥーラ<br>カトゥアイ<br>ゲイシャ<br>マラゴジッペ<br>パカス<br>パカマラ<br>ジャバ<br>スーダン・ルメ<br>モカ<br>SL28 |
| カネフォラ種 | ロブスタ |
| ハイブリッド<br>(アラビカ種と<br>カネフォラ種の交配) | パライネマ<br>カティモール<br>カスティージョ |

も注目されるようになってきました。

スペシャルティコーヒーの栽培において重要なことは、**「テロワールと品種のマッチング」**です。品種によって、標高や気温、湿度など、微細な条件でその生育状況や品質は大きく変わり、消費者を虜にするユニークな風味特性を作り出すのです。

## 風味特性を決める「生産処理」

コーヒー豆は種子である以上、その種子を実から取り出す作業が必要になります。これを生産処理、またはプロセスと呼びます。

品種が味わいに与える影響と同じように、生産処理によっても味わいは劇的に変化します。例えば、同じ農園で栽培され、同じ区画で収穫され、同じ品種のコーヒー豆に異なる生産処理を施した場合、味わいはまったく異なるものになります。

近年では、小規模ロースターや世界大会に臨むバリスタが、直接農園を訪れ、極小ロットの品種を作ることも多々ありますが、多くの場合は生産処理に工夫を凝らす場合がほとんどです。

品種も味わいに大きな影響を与えますが、品種はいわば天からのいただき物、味わいも神に決められた味わいです。ただ、**生産処理は科学的な側面が強く、工夫次第で想像もできないようなフレーバー**を生み出すことができるのです。

ワインの製法から発想を得た「**カーボニックマセレーション**」など、近現代的な手法で行われていたプロセスを、現代的なアプローチで解釈する独創的なプロセスも生まれています。

それほど生産処理が味わいに与える影響は大きく、また作り手にとっても表現の余地のある領域だと言えます。

さて、生産処理は大きく3種類に分類されます。

**❶ウォッシュド（水洗処理）**
**❷ナチュラル（天日干し）**
**❸パルプドナチュラル（ハイブリッド型）**

## ❶ウォッシュド（水洗処理）

ウォッシュドとは、水洗処理のことを指し、文字通り水で洗って種を取り出す方法です。手順は大きく分けて次の通りになります。

**（1）コーヒーチェリーの皮を剥ぐ**
**（2）水を溜めたタンクで数時間から数十時間発酵させる**
**（3）洗い流す**
**（4）乾燥させる**

ウォッシュドは、高品質なコーヒーの世界において、非常に多く用いられる製法で、酸味を際立たせ、繊細な風味を引き出す、素材由来の味わいを活かす最適な生産処理と言えます。焙煎度合いを浅く仕上げればスッキリした味わいとなり、深く仕上げるとまろやかな味わいとなるのが特徴的です。

## ❷ナチュラル（天日干し）

ナチュラルとは、天日干しのことを指し、収穫後コーヒーチェリーをパティオと呼ばれるコンクリートの乾燥場でそのまま乾かす、もしくはアフリカンベッドと呼ばれる高床式の乾燥台で乾かす生産処理を指します。

大体、数日から数週間かけて乾燥させることが一般的です。ナチュラルは水を使用しないプロセスなので、環境負荷が少ないプロセスだと言われています。ただ、生産量重視で短期間で乾燥させたナチュラルは品質的に問題を抱えていることが多いので、スペシャルティコーヒーの世界では、時間をゆっくりかけて、水分含有率を減らしていくことが理想とされており、中には1カ月近く時間をかけつつ、陰干しなどを含めてゆっくりと乾燥させる手法も存在します。

ナチュラルは、焙煎度合いを浅く仕上げればキレのある味わいとなり、深く仕上げるとコクのある味わいとなります。素晴らしい品質のナチュラルのコーヒーは本当にフルーティーで、あっと驚く風味特性が特徴的です。

ただ、そのフルーティーな香りは乾燥段階の発酵温度も大きく関係しているので、ナチュラルだからと言って、一概にフルーティーな香りを期待できるわけではありません。

### ❸パルプドナチュラル（ハイブリッド型）

パルプドナチュラルとは、近年登場した生産処理のことを指し、専用の機械で皮を剥いだ後、ムシラージ（粘液質）を付けたまま乾燥させる手法です。コスタリカでは、ハニープロセスとも呼ばれます。ウォッシュドとナチュラルの中間に位置する生産処理と考えられており、味わいもウォッシュドとナチュラルの特徴を兼ね備えている、と言っても良いでしょう。

焙煎度合いを浅く仕上げればウォッシュドほどではありませんが、スッキリとした味わいとなり、深く仕上げるとナチュラルほどではありませんが、コクのある味わいになります。

4象限の味わい判定表に対応させて生産処理を図で表すと図7の通りになります。生産処理の違いを単純に反映することは困難なので、焙煎度合いによる影響も加味しながら作成しています。

このように、生産処理は味わいに絶大な影響を与えることはもちろん、**生産者の思惑や意図を感じ取ることができる非常に興味深い、味作りの芸術作業**だと言えます。

## 図07 生産処理による味わいの違い

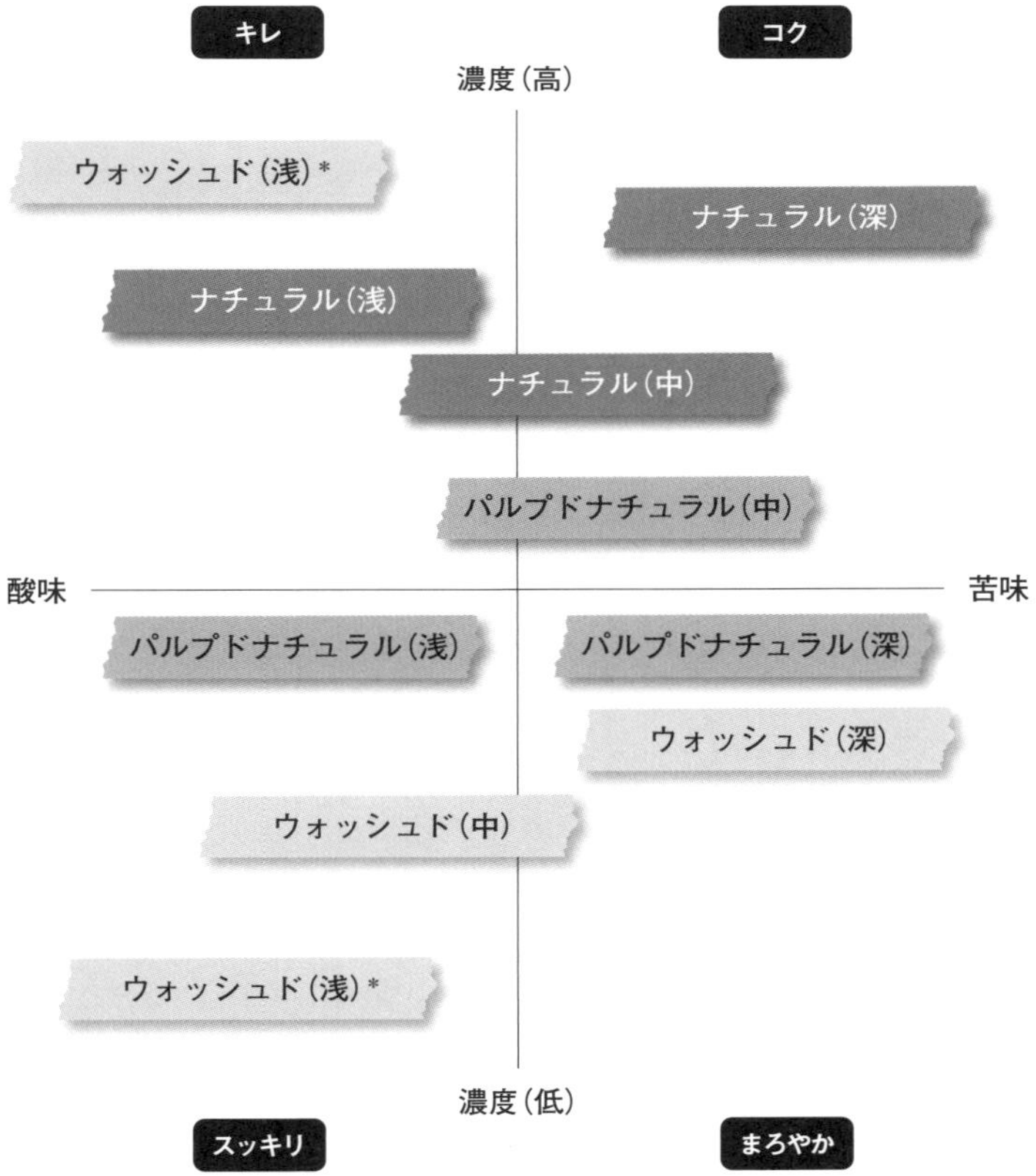


＊生産国によっては「キレ」「スッキリ」両方の後口に当てはまるウォッシュド・プロセスがあります。

## 革新の嵐が巻き起こる生産現場

スペシャルティコーヒーの誕生によって、多くの生産者が自身の栽培方法を見直し、科学的な知見に基づく栽培や生産処理に取り組むようになりました。

例えば、ボリビアのある地域では「コーヒーは神の思し召し」と考えられており、農業らしい農業が行われることもなく、コーヒーが栽培されていました。

当然、剪定や土壌管理なども行わないので、コーヒーの木は年々疲弊し、1本の木から10粒も収穫できない、ということもありました。また病害のリスクも高まり、コーヒーの木が全滅してしまうこともあったそうです。

そんな環境の中、科学的な知見に基づき、土壌の管理や剪定を徹底して行う生産者も現れています。他国から農学博士をコンサルタントとして招き、正しい栽培方法を学び、圧倒的な収量と品質を実現しています。そしてその知識を分け隔てなく、情報へのアクセス手段がない生産者に共有し、ボリビアのコーヒーの未来のために戦う生産者もいます。

コスタリカは以前、ウォッシュドプロセスが主流だったのですが、発酵処理後の水の廃棄問題が浮上し、環境負荷の懸念から政府がウォッシュドプロセスを禁止しました。その影響もあり、コスタリカのコーヒーの品質が一時的に劣化した時期があります。

その背景の中生まれたのが、ハニープロセスだったのです。ハニープロセスは水をほとんど使うことなく、ウォッシュドに近い味わいを実現することができます。環境への負荷も少なく、味わいも向上する結果となりました。もはや、ハニープロセスはコスタリカの代名詞、と呼んでも過言ではないと思います。

このように、環境問題や伝統的価値観と向き合いながらも、品質を次のレベルへと引き上げてくれる生産者のおかげで、我々は本日も美味しいコーヒーを飲むことができています。

また前述した「カーボニックマセレーション」に代表される生産処理の進化もめざましいものがあります。カーボニックマセレーションは、まずコーヒーチェリーの皮を剥き、ステンレスタンクの中にチェリーを投入し、密閉状態のタンクの中に二酸化炭素を注入することで、タンク中の酸素をすべて追い出し、嫌気性発酵に近い状態で発酵を行います。

発酵中も厳重に温度管理がなされ、発酵状態の目安となるpH《ペーハー》を基準に、生産処理工程を緻密にコントロールします。嫌気性に近い環境だからこそ活動できる微生物によって、好気性の環境とは異なる代謝物が生成されます。したがって、好気性環境では感じ得ない独特のフレーバーが生まれるのです。

伝統的な生産処理は多くの場合、発酵

を行うタンクは外に設置してあり、コンクリート製がほとんどです。この場合だと、発酵が大いに外気温に影響を受け、発酵が思うように進まなかったり、発酵しすぎたりと、思うように生産処理をコントロールできない場合があります。

今まで感覚や経験に頼っていた部分を数値化し、理論的かつ科学的にコーヒーと向き合うこともまたより良い品質のコーヒーの生産に一役買っていることは間違いありません。

一連の流れは、ロースターやバリスタが積極的に農園を訪問し、品質向上に共に取り組むというムーブメントが大きな役割を果たしていると思います。消費者のニーズを知るロースターやバリスタが、マーケットの代弁者となり、望まれるコーヒーの味わいや、作って欲しいコーヒーの味わいを、具体性を持って生産者とコミュニケーションすることで、未だかつてなかったような味わいのコーヒーが作られています。

また、それを実現するために、ロースターやバリスタ側も、大学や食品関連企業と協働し、そこで得た見識を生産現場へと持ち帰り、複数年にわたって持続的な取り組みを行っています。

さらに、ワインやウイスキーなど、異なる分野も参考にし、まだ見ぬフレーバーや味わいを求めて、生産者は今日も素晴らしいコーヒーを生産してくれているのです。

# CHAPTER 2

# 焙煎の魔法

# 豆のポテンシャルを引き出す焙煎マジック

**この章でわかること**

焙煎と味の相互作用

新鮮さを維持する保存方法

朝・昼・夜の究極レシピ

## 焙煎度合いの指標はかなり曖昧

コーヒーを楽しむために、決して欠かすことのできない重要な工程があります。それは焙煎です。

コーヒーが海をわたって日本にやってくるときは、生豆と呼ばれる状態で日本に到着します。生豆は淡い緑色をしており、そのままで飲むことはできません。みなさんが見慣れた、あの茶褐色、黒褐色にするためには、焙煎という作業が必要になります。

焙煎とは、コーヒー豆に火を通すことで、生豆に含まれる化学成分を変化させ、揮発性のコーヒーらしい香りや、甘味、酸味、苦味に代表されるコーヒーらしい味わいを引き出す作業と言えます。

焙煎は、焙煎時間や焙煎温度によって、「浅煎り」「中煎り」「深煎り」と呼ばれる焙煎度合いに大まかに分類されます。一般的に、浅煎りは酸味が強く、深煎りは苦味が強くなります。

コーヒーは焙煎しないことには飲むことができません。焙煎はコーヒーの風味特性や味わいを形作る非常に重要な工程です。また、**そのお店のスタイルや味作りの方向性を感じることができる工程**とも言えます。

コーヒー専門店では、焙煎度合いを次のような8段階で表記しているのをよく目にすると思います。

**浅煎り ↓ ❶ライト／❷シナモン**
**中煎り ↓ ❸ミディアム／❹ハイ**
**深煎り ↓ ❺シティ／❻フルシティ／❼フレンチ／❽イタリアン**

しかし、この8段階の焙煎度合いには、一部の企業を除いて明確な基準は設定されておらず、また店によってその解釈は異なります。

そもそも、焙煎度合いは主観的な尺度で決められており、何をもって深煎りとしているのか、浅煎りとしているのか、実は国際的な基準はありません（アグトロン値やL値などの数値管理指標を導入し、焙煎度合いを数値で管理している企業もあります）。

自分が中煎り好きと言っても、他店ではその中煎りが浅煎りや深煎りのカテゴリーに位

## 図08 焙煎による味の違い

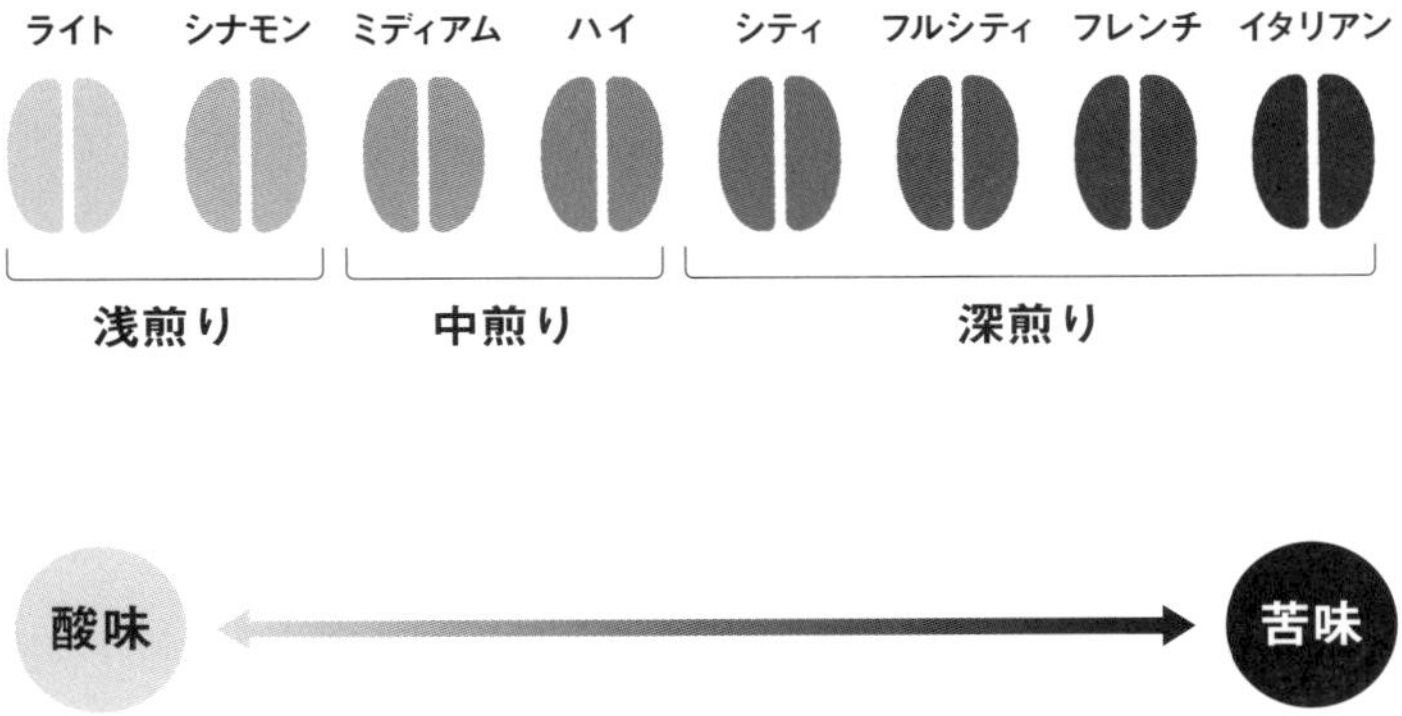

置することはザラです。したがって、焙煎度合いを絶対的な指標として捉えることはおすすめしません。

初見のお店でよくあるミスコミュニケーションの例として、8段階の焙煎度合いで豆を選ぶと、「これは好みじゃないな」ということがあります。なぜなら、前述の通り、焙煎度合いはお店によって異なり、その焙煎度合い次第で苦味や酸味のボリュームが大きく変わり得るからです。したがって、味わいも自分の好みと大きくずれることがよくあります。

しかし、焙煎度合いは、自分の好みを理解する上で重要な指標であることに変わりありません。お気に入り、または気になるコーヒー専門店を見つけたら、**そのお店のドリップ用で1番深い豆、もしくは1番浅い豆を好みに応じて選んで試してみると、そのお店の焙煎度合いの振り幅をよく理解できます。**

あまりにも苦すぎる、酸っぱすぎると思えば、もう一段階浅い／深い焙煎度合いの豆を試してみると、好みの味わいにつながる焙煎度合いを見つけやすくなると思います。

# 素材の味わいを活かす焙煎を選ぶ

前節で、焙煎度合いは主観的な判断基準に基づいて決定されており、絶対的な判断基準はないと指摘しましたが、私たちはどのように焙煎度合いを捉えるべきなのでしょうか。

私はいっそのこと、焙煎度合いを基準にしたコーヒー選びをやめてしまえ、と思っています。事実、コーヒーを選ぶ際に、そのコーヒーが浅煎りなのか、中煎りなのか、深煎りなのか、という尺度は私自身持ち合わせていません。

それ以上に重要なことは、**そもそもその焙煎方法が素材に適した焙煎か否か**、だと思っています。よく、「サードウェーブ＝浅煎り」、と言ったメディアの論調の影響で、深煎りが悪者扱いされているケースも多々見受けられますが、深煎りに耐性のある豆ならば深煎りにすべきですし、そうでなければ、その素材に合った焙煎をすべきです。

例えば、高地で育った硬い生豆を焙煎する場合は、コク・まろやか系の味わいを感じやすい深煎りも良いかもしれません。華やかで繊細な香りを持つ品種であれば、キレ・スッキリ系の味わいを感じやすい浅煎りも良いかもしれません。

比較的標高が低く、バランスの良い味わいが特徴のコーヒーは、バランス系の味わいを感じやすい中煎りが良いかもしれません。要は、素材に合わせた焙煎を選ぶことが重要だと思います。

しかし、焙煎度合いは自分の好みを理解する上で重要な指標である、ということは繰り返し申し上げている通りです。特に初心者の場合、焙煎度合いを基準としてまったく問題ありませんので、**まずは好み（苦味が好きか酸味が好きか）を明確にした上で、自身の味わいの好みを理解する**ことが重要です。

「味わい判定表」に当てはめて、初心者は次のようにざっくりと考えてみましょう。

**キレ・スッキリ系 ➡「浅煎り」の豆を選ぶ**

**バランス系 ➡「中煎り」の豆を選ぶ**

**コク・まろやか系 ➡「深煎り」の豆を選ぶ**

まずは焙煎度合いで好みの豆を選び、慣れてきたら好みの味わいで豆を選べるようになると、グッと自分好みのコーヒーに出会える可能性が増すと思います。

慣れてきたら、
焙煎度合いで豆を選ばない。
まずは自分好みの味を知り、
それを実現する素材を選ぶ。

私は「浅煎りでなくてはいけない」なんてことは微塵も思ったことはありません。前述の通り、深煎りで輝く素材もありますし、浅煎りで輝く素材もあります。

大切なことは、焙煎度合いに惑わされることなく、**自身の好みの味わいを追求し、結果として選んだコーヒーの味わいが浅煎りか、中煎りか、深煎りか、という自然な流れを追求できるようになることだと思います。**

## 違和感の多くは「焙煎エラー」が原因

焙煎とはコーヒー豆に火を通す作業だとご説明しましたが、焙煎の行き着く先は「焦げ」になります。野菜や肉を炒めることと一緒で、延々と焼き続けると結果は「黒焦げ」になることは想像できると思います。コーヒーの焙煎もまた同じです。

ですので、焙煎で重要なのは、煎り止めのポイントを探すことであり、どのような火力で、どのような温度で、どれくらいの時間で焙煎を行うことができるかが、最終的な品質に影響を与えます。

これまで焙煎は、感覚に基づく職人技的な要素が非常に強く、データを収集し、分析するという考え方が根付いていませんでした。しかし近年、「クロップスター（温度や火力などの焙煎情報を記録するソフトウェア）」に代表される焙煎用のソフトウェアが登場し、ロースターは事前に焙煎プロファイルをデザインし、より論理的かつ再現性の高い焙煎を行えるようになりました。

また、生豆の水分含有量や硬さなどを測定し、それらのデータを焙煎に活かす考え方も海外を中心に広がりつつあります。すなわち、より再現性の高い焙煎技術が世に広まりつつあるのです。

しかし、このようなケースは世の中のごく少数のお店が取り入れている手法であり、まだまだ一般化されていません。また、このようなテクノロジーを導入しているからといって、完璧な焙煎が可能かというと、それもあり得ません。

たとえ同じ焙煎プロファイルで同じようにコーヒー豆を焼いたとしても、毎度同じ味わいになることはないでしょう。すなわち、焙煎には未だ解明されていない味わいに影響を与える不確定要素がたくさん存在するのです。

したがって、**味わいに関する違和感は、焙煎が原因の場合が多々あります**。例えば、いつも同じコーヒーを買っていたとします。馴染みの味わいがいつもと違うな、という経験はありませんか。それは多くの場合、焙煎に起因します。
それでは、どのような焙煎のエラーが想定されるのでしょうか。

**❶豆が焦げている**
**❷豆の内部まで火が通っていない**
**❸豆の表面が焦げており、中に火が通っていない**

大まかに分類して右記の3種類が代表的な焙煎のエラーです。
❶は、生豆に対して過剰な熱量をかけた場合に起こります。許容範囲を超えた苦味が支配的な味になります。
❷は、浅煎りでよく見られるエラーで、火力が足りていない場合に起こります。刺激的な収斂《れん》味、エグ味が感じられます。
❸も、よく見られる焙煎のエラーです。焙煎序盤のフェーズで、過剰な火力をかけることで表面が焦げてしまい、焙煎後半で熱量を豆の内部まで伝え切ることができなかった場合にこのエラーが起こります。焦げによる刺激的な苦味と、生焼け状態によく見られる収斂味が顕在化します。

ロースターは常に高いレベルで再現性を担保しようと努力を続けています。またテクノロジーの発達や焙煎技術の科学的な理解も少しずつ普及していますので、品質の安定性が劇的に向上する時代が遅かれ早かれやってくるかもしれません。

## 気分が上がるコーヒーの選び方

コーヒー豆を選ぶ際のおすすめの手順をまとめると、次のようになります。

**❶生産国や品種、生産処理などによる「味わいの特徴」を知る**
**❷いろいろと試しながら、「自分好みの味」をざっくり把握する**
**❸焙煎度合いを「酸味」と「苦味」の好みから選択する**

これが自分好みの味を知り、「世界一美味しいコーヒー」を淹れるための第一歩ですが、この節では少しアプローチを変えたコーヒーの選び方をご紹介したいと思います。

多様性に溢れたコーヒーのフレーバーを参考に「気分やシチュエーション」に合わせて銘柄を選ぶのはいかがでしょうか。実は私自身もコーヒーを正攻法で選び疲れた際によく用いる方法です。

ここで紹介するレシピは、あくまで私の独断と偏見によるものですが、コーヒーを飲みたくなったそのときの気分に応じて、コーヒー豆を選択する方法もおすすめです。

## 朝に飲みたいコーヒー　中煎り➡ブラジル・エルサルバドル

朝から酸味や苦味の強いコーヒーは一日の始まりとして「バランス」が良くありませんので、甘み、酸味、苦味のバランスが良い「**中煎り**」のコーヒーが1番でしょう。ブレンドもおすすめですが、ブラジル（ウォッシュド）やエルサルバドル（ウォッシュド）などのシングルの中煎りも、朝にうってつけではないでしょうか。朝からド派手なフレーバーや酸味の強い味わいは、少し疲れますので、ナッツや程良い柑橘系を思わせるおとなしいフレーバーから一日を始めたいですね。

## 昼に飲みたいコーヒー　深煎り➡グアテマラ・コロンビア

昼食の後は、「**深煎り**」のコーヒーを選びたいですね。少し苦味のある、ボディが重めのコーヒーが最適だと思います。個人的に昼に飲みたいコーヒーはいつも深煎りのブレンドコーヒーです。深煎り独特のチョコレートのようなフレーバーに惹かれます。

シングルですと、グアテマラ、コロンビアの深煎りを選びたいですね。深煎りとの相性が良い銘柄だと思います。特にお昼の後はだるくなりがちなので、深煎りの苦味とボディ感でスッキリできる、という利点もあります。

### 夜に飲みたいコーヒー　浅煎り→中米・アフリカ（エチオピア）

夜は少しセクシーでアダルトなコーヒーを選びたいですね。ちょっと冒険してみるのもありかもしれません。中米やアフリカのナチュラルプロセス、エチオピアのウォッシュドや今話題のゲイシャ種など、熟したフルーツやエレガントな花の香りを連想させるコーヒーを選ぶのも乙だと思います。

また、チョコレートなどのスイーツと合わせて飲むこともあると思いますので、**「浅煎り」**でフレーバーの明確なコーヒーを選択すると、少しリッチな夜となること請け合いです。

## コーヒーは豆で買うべきか、粉で買うべきか

豆の種類や焙煎度合いでしっかり好みのコーヒーを選んでも、豆で買うか、粉で買うか、また保存方法次第で品質が大幅に悪くなり得るのがコーヒーです。この章の最後では、豆の効果的な保存方法について簡単にご紹介しておきましょう。

「コーヒーは豆で買うべきか、粉で買うべきか」――この問題に関して、これまで本当にたくさんの方々からご相談を受けてきました。

その背景はさまざまだと思います。そもそもコーヒーを挽くためのグラインダーを持っていない、価格が高い、グラインダーは持っているが挽くのが面倒臭い、性能やデザインがあまり好きではない……など。

単刀直入に申し上げますと、**私は絶対にコーヒーは「豆」で買うべきだと思っています。**

理由はシンプルです。

一般的にコーヒーは挽いた瞬間から劣化が始まります。豆の状態と比べて、挽いた瞬間

にコーヒー豆の表面積は劇的に増加し、空気と触れる面積が増え、劣化も急速に進行するからです。豆そのものの香りよりも、挽いた際の粉の香りが強いのはこのためです。

当然コーヒーを購入する際は、豆、粉にかかわらず、同じ値段を払って購入することになります。しかし、前述の通り、**豆の状態と粉の状態では劣化スピードがまるで別物です。**つまり、豆であっても粉であっても値段は同じなのに、劣化スピードは粉の方が断然速く、損得で考えると、大損してしまうことにもなります。

豆で買ったあの人はまだコーヒーを楽しんでいるのに、粉で買ってしまった私のコーヒーはもう飲めたものじゃない、ということになりかねません。

ですので、品質とコスパで考えれば断然豆をおすすめします。コーヒーはたくさん飲むけど、グラインダーを持っていないという方は、ぜひグラインダーを買いましょう！

しかし、ここまで言っても、粉で買いたいという方には妥協案があります。**ぜひ、1週間で使いきれる量のコーヒーを購入してください。**少量ずつ購入することで、大量購入に比べれば比較的劣化を防ぐことが可能です。面倒ではありますが、美味しいコーヒーは毎日飲みたい、でも毎日コーヒー豆を挽くのは面倒、という方への妥協案です。

ただし、理想は豆のまま購入し、抽出の直前に挽くことです。これだけはお忘れなく！

# 科学的に正しい豆の保存方法とは？

近年、ようやく品質的な側面から科学的に保存方法を検証し考察する取り組みが始まっています。スイスのチューリッヒ大学のCoffee Excellence Centerにおいて「コーヒーの新鮮さをいかに保つことができるか」という趣旨の研究が行われました。研究において、保存する上でコーヒーの品質に影響を与える要素とは、

**❶酸素**
**❷温度**
**❸湿度**
**❹光**

と、されています。右記の通り、品質劣化には複数の要因がありますが、「酸化」が最

も大きな要因と考えられています。

コーヒー豆は焙煎すると二酸化炭素が発生し、その二酸化炭素はコーヒー豆の10ミクロンから50ミクロンほどの細孔に閉じ込められています。その細孔から少しずつ二酸化炭素が放出され、最終的には酸化のフェーズへと移り変わります。

二酸化炭素は細孔に閉じ込められていることもあり、一瞬で抜けることはありません。保存環境にもよりますが、**大体1カ月程度で二酸化炭素濃度が薄れていく**と考えられています。

しかし、もし粉の場合であれば**酸化のスピードは格段に速くなります**。粉にすることで豆の表面積が何万倍にも増加し、酸素に触れる面積が増え、細孔から二酸化炭素が放出されやすくなるからです。

また二酸化炭素の発生量は焙煎度合いによっても異なります。深煎りの方が二酸化炭素の発生量は浅煎りと比べて多いとされています（ドリップの際に浅煎りよりも深煎りの方がよく膨らむのは、二酸化炭素含有量が単純に多いからです）。

したがって、**深煎りの方が酸化に至るスピードが速い**と推測されています。また高温多湿な保存環境だと、二酸化炭素の発生量が増加し、酸化に至るスピードも速くなります。

「コーヒー豆の新鮮さをより長く保ちたい」と思うなら、「酸化」をできるだけ防ぐことから始めましょう。次節では、その具体的な保存方法を説明したいと思います。

## 豆はパッケージのまま保存するのがベスト

Specialty Coffee Associationが発表した「The Coffee Freshness Handbook」によると、**コーヒーは購入した袋のまま保存した方が長持ちする可能性が高い**、と結論付けられています。

よくよく考えてみれば至極当然かもしれませんが、適切にパッケージングされたコーヒー豆は二酸化炭素によっていわばコーティングされており、購入後多少の開け閉めがあったとしても酸化が一気に進むことはありません。

しかし、ガラスの保存容器やタッパーなどに移し替える場合、ガラスの保存容器やタッパーは酸素が充満した環境です。したがって、せっかく二酸化炭素によってコーティングされた状態の豆を、酸素が充満した保存環境に移すことは、劇的なスピードで酸化を進めることにつながるのです。

保存パッケージは、パッケージの内側にアルミ箔が貼ってある光を通しにくいタイプの袋が理想的だと考えられています。また温度はできるだけ低い温度で保存するとコーヒー豆の新鮮さを保つことができるとわかっています。常温保存だと1週間から4週間程度しか新鮮さを保てないコーヒーでも、冷凍保存をすると約3カ月ほど保存期間を延ばすことが可能です。

すなわち、より新鮮さを保つための保存方法として適切なポイントは、次の3点です。

**❶コーヒー豆は購入時のパッケージのまま保存する**
**❷店舗側が使用しているパッケージが遮光タイプだとなお良い**
**❸高温多湿に気をつけ、できるだけ低い温度で保管する**

したがって、遮光タイプのパッケージであれば、シンプルに買ってきた状態のまま低温で保存するのが最も効果的な方法です。

## バリスタの秘策は「冷凍保存」

保存方法は、お店や会社によっても記載が異なり、一体どの情報が正しいのか、コーヒー好きなら頭を悩ませた経験は一度や二度ではないはずです。

そこで私がご提案する方法は、コーヒー豆は購入後、問答無用で**「冷凍して保存する」**という方法です。なぜなら、コーヒー豆を冷凍することで、固体が液体になることなく気体になる昇華という現象が、約16倍遅くなるとされているからです。すなわち、保存温度を下げることで、コーヒーの香りや味わいを長く保つことができます。

冷凍保存する際には、気密性の高い保存容器か真空パックで保存する方法が良いとされています。冷凍庫の匂い移りや水分の付着を防ぐためですが、パッケージの空気をしっかり抜いた状態で保存するだけでも味わいの劇的な差を感じます。ぜひ、保存の方法でお悩みの際には、冷凍保存を試してみてください。

この研究を行った、私の友人でもある、アメリカ・オレゴン大学のChristopher

Hendon助教授らが「The effect of bean origin and temperature on grinding roasted coffee」（生産国と豆の温度帯が焙煎豆の挽き目に与える影響）と題した論文を２０１６年に発表しました。

この研究によると、コーヒー豆の温度が低ければ低いほど、粒度分布（豆を挽いた際の大小の粒子のバラつき。詳しくは次章参照）が狭くなることがわかっています。つまり、同じコーヒー豆、同じ挽き目を使用しているにもかかわらず、**豆の温度が違うだけで、異なる粒度分布を生み出すことがわかったのです。**

使用された温度帯は、常温（20度）・冷凍（マイナス19度）・ドライアイス（マイナス79度）・液体窒素（マイナス１９６度）の４種類でした。いずれも解凍することなく、すぐにグラインダーで挽いています。最も粒度分布を狭めグラフの歪度を高めたのは、液体窒素でした。その後、ドライアイス、冷凍、常温の順番で粒度分布に幅を生み出しています。

世界最高峰の技術や知識が集う、ワールド・バリスタ・チャンピオンシップにおいても近年、コーヒー豆をわざわざ凍らせて抽出に臨むバリスタが多くいます。なぜなら、より低い温度で凍らせた方が、粒度分布を狭め、効率良く粉の表面積を大きくできると科学的に明らかになったからです。ですので、この研究によって、冷凍するだけでより優秀な粒度分布を生み出せることがわかったわけです。

なお冷凍した場合でも、挽く際に解凍する必要はありません。**豆は凍ったまますぐに挽いてください。**粉の温度が低いので、お湯の温度を上げようかな、と考える必要はありませんので（一瞬で温度は上昇します）、いつも通り抽出をしてみてください。劇的な味わいの差にきっと驚くこと請け合いです。

COLUMN

# 「冷めても飲めるか？」が最も強力な味の基準

コーヒーの味わいを表現したり、評価したりすることは非常に難易度が高いと言えます。コーヒーのプロである私たちも頻繁に悩んだり、間違えたりしつつ、日々勉強を続けています。

コーヒーの味わいに正解なんて存在しないのかもしれません。当然、国際標準として語られている品質基準は存在しますが、その基準は、時と共に移り変わるものです。

特にその傾向が顕著なのが、エスプレッソの世界でしょう。世界から60カ国以上の各国代表のバリスタが集まり、味わいや抽出技術、プレゼンテーションを競う、世界で最も権威ある大会、ワールド・バリスタ・チャンピオンシップにおいても、評価されるエスプレッソは年々変化しています。

例えば、私が2007年に大会に出始めた頃に評価された味わいは、チョコレートのようなフレーバー、ボディがあって、ある程度苦味もあるエスプレッソでした。

しかし現在は、フルーツや花の香りを連想させるフレーバー、浅めの焙煎で酸味と甘みのあるエスプレッソが求められています。細かいことを言うと、毎年好まれる、または評価される味わいは絶え間なく変化しているのです。

前置きが長くなりましたが、「コーヒーの品質的な正解や嗜好は日々変化している」と言うことを前提にコーヒーと向き合ってもらえると、肩肘張らずにコーヒーを楽しんでいただけると思います。

とはいいつつも、コーヒーの味を客観的に捉えるスキルは必ず必要になってきますので、まず「コーヒーの味わいをどう評価すべきか」について答えていきたいと思います。

最も簡単な評価方法は、「冷めても飲めるコーヒーであるか、否か」です。

拍子抜けしたかもしれませんが、この方法が最も確実で、正確に品質の可否を判断できる方法なのです。

ちなみに、素晴らしい品質のコーヒーは冷めても飲むことができますが、品質、または抽出に問題があると、エグ味だったり、収斂性を感じる味わいが突出し、飲み干すことに苦労する、もしくは飲み干すことができません。

論理的に評価を導き出すことも可能ですが、まず味わいを評価する第一歩として「冷めても飲めるか？」という基準を1つ設けておくと、品質の判断が付きやすくなると思います。

# CHAPTER 3

# 抽出の思考法

# 狙った味を何度でも、パーフェクトに引き出す技術

**この章でわかること**

挽き目（粒度）と味の関係

抽出のメカニズム

ドリッパーによる味の違い

# バリスタ直伝の抽出奥義——必要な器具とステップ

「生産国」「品種」「生産処理」、そして「焙煎」による豆の選び方についてわかったら、次はとうとうコーヒーを実際に抽出するステップに移ります。

この章では、味を決める6つの要素のうち、残りの「粒度」「抽出」の工程へと入ります。ただし、粒度と抽出は極めて奥が深く、プロでも判断に迷うことが多いので、ここでは実践に入る前に、抽出の基本的な考え方について解説しておきましょう。

まずは、コーヒーを抽出する上で最低限必要な器具を次ページにまとめてみます。

## 図09 抽出に必要な器具と材料

[ ケトル ]

[ グラインダー ]

[ ドリッパー ]

[ サーバー ]

[ スケール ]

[ ペーパーフィルター ]

[ 計量スプーン ]

[ ミネラルウォーター ]

[ コーヒー豆 ]

そして、次がコーヒーを抽出するために最低限必要なステップです。

**【抽出のステップ】**

**❶水を沸かす**
**❷コーヒー豆を計量する**
**❸コーヒー豆を挽く**
**❹ドリッパーにペーパーフィルターをセットする**
**❺沸かしたお湯でドリッパーとペーパーを湯通しする**
**❻ドリッパーが温まっていることを確認できたら粉をセット**
**❼お湯を複数回に分けて注ぎ規定量に達したら完成**

もしかすると面倒臭いな、と思いましたか？　しかし、コーヒーは非常にシンプルな材料で構成される飲み物です。

考えてみてください。コーヒーを淹れる際に必要な材料は、水とコーヒー豆だけなのです。いかなる抽出方法においても、コーヒーを淹れる際に必要な材料は、水とコーヒー豆のみです。すなわち1杯のコーヒーは、**お湯とコーヒーの粉を混ぜる**ことによって完成します。

したがって私は、美味しいコーヒーを抽出するためには**「お湯とコーヒーの粉を最適な比率で効率良く混ぜる」**ことが重要だと考えています。

なぜなら抽出とは、コーヒーの成分をお湯に移行する作業であり、**いかにコーヒーから成分を効率良く引き出せるかが、味わいの良し悪しに関わってくるからです。**

抽出を大きく分類すると、❶未抽出、❷適正な抽出、❸過抽出の3種類に分けられ、❶と❸が、抽出のエラーとなります。

**未抽出** ⬇ **コーヒーの成分を抽出しきれていない状態**

**過抽出** ⬇ **コーヒーの成分を抽出しすぎた状態**

こうした抽出のエラーを起こさないためには、お湯や粉の量、温度、粒度（豆の挽き目）、抽出時間などを最適に調整する必要があるのです。

抽出の奥義は、
お湯とコーヒーの粉を
最適な比率で、
効率良く混ぜること。

## 「粒度」が濃度を変える

コーヒー豆は、豆のままでは抽出することができません。抽出するには、コーヒー豆を粉砕する作業、すなわち「挽く」という作業が必要とされます。

適切な粒度を知ることが抽出にとって重要な理由は、コーヒー豆は挽くことで初めて、その成分がお湯へと移行するからです。コーヒー豆を挽くことで、一粒の豆が粉々に粉砕され、ミクロン単位の粒子となります。

すなわち、**コーヒー豆を挽く作業とは、表面積を増やす作業であり、お湯と粉が触れる面積を増やすことで、コーヒーは初めて効率的に抽出されます。**

同じ抽出条件で抽出した場合、より細かくすれば液体の濃度は上昇し、粗くすれば液体の濃度は下がります。細かくすればするほどコーヒー豆の表面積が大きくなり、より容易に成分がお湯に溶け出しやすくなります。逆に粗くすればするほど表面積は小さくなり、成分が溶け出しにくくなります。

濃度が粒度によって影響を受けるとするならば、味わいも粒度によって大きく変わると考えることができます。細かすぎると濃度が高くなりすぎてエグ味が出たり（＝過抽出）、粗すぎると濃度が低すぎて水っぽく（＝未抽出）なります。

コーヒーの抽出において、粒度は非常に重要な役割を果たしています。コーヒーの抽出において最も重要と言える**「濃度」**を決める要因になるからです。

中には、湯量や粉量を変えて濃度を調整する方法も存在しますが、個人的にはおすすめしません。なぜなら、湯量と粉量には「適切な比率」が存在し、その範囲を大幅に超えて湯量と粉量を変えると、過抽出や未抽出につながりかねません。湯量と粉量を変えて濃度をコントロールする前に、まずは粒度を変えることで濃度を調整しましょう。

したがって、抽出の質を判断する上で、**適正な粒度の設定がその8割を占めている**と思っていただいて構いません。粒度を基準に自分好みの適切な濃度を設定しましょう。

# 抽出の命「グラインダー」

コーヒーを豆で購入した際に必要になるのがグラインダーです。グラインダー次第でコーヒーの味わいは劇的に変わります。なぜなら、刃の形状、刃の材質、コーティング、回転数（ＲＰＭ）などの要素が、粒度を大きく変えるからです。

グラインダーによって挽き出された粉の粒度はすべて同じではありません。肉眼でもわかりますが、よく観察していただくと、大きい粉があったり、小さい粉があったりと、粒度には幅があります。

専門の検査にかけるとその違いがミクロン単位でわかるのですが、その幅のことを**「粒度分布」**と呼びます。粒度分布とは、粉を挽いた際に生じる大小の粒子が、全体量を１００％と考えた際にどれくらいの頻度で発生しているか、をグラフで示す指標です。

現状の「素晴らしいグラインダー」とは、挽き出される粉の粒度分布が狭いグラインダーを指します。

なぜ粒度分布が狭い方が良いかと言うと、豆から粉にした際に、粒度分布の幅が広いグラインダーより、大きな粉と小さな粉のばらつきを最小限に抑えることができるからです。そしてばらつきを最小限に抑えることで、抽出に理想的な粒度の割合を増やし、その表面積を多く確保することができるからです。

狙った粒度に比べて大きい粒度が多い場合は「未抽出」を引き起こしやすく、狙った粒度に比べて小さい粒度が多い場合は「過抽出」を引き起こしやすい、と考えてください。「中挽き」といっても、ボロボロのプロペラグラインダーの中挽きと、数万円する電動フラットグラインダーの中挽きでは、〝言葉〟は同じでもその結果はまったく異なります。

**プロペラグラインダー**

大きな粒度、小さな粒度共に多い＝「粒度分布が広い」グラインダー

**↓狙った中挽きの粒度が「低い割合」で含まれる**

**数万円する業務用電動フラットグラインダー**

大きな粒度、小さな粒度共に少ない＝「粒度分布が狭い」グラインダー

**↓中挽きの粒度が狙い通り「高い割合」で含まれる**

よって、抽出効率だけではなく、味わいにおいても両者で大きな差が出ます。裏を返せば、コーヒー店と自宅の味わいは、抽出技術以前に、どれだけ良いグラインダーを持っているか、ということも大きな差です。はっきり申し上げますが、グラインダーは「安かろう、悪かろう」だと覚えておいてください。

コーヒーは非常にシンプルな飲み物です。水とコーヒー豆だけなのですが、グラインダーが生み出す粒度分布の差が、味わいに劇的な差をもたらします。良いグラインダーを買うことが美味しいコーヒーへの第一歩です。ですので、ぜひグラインダーには惜しまず投資をしていただければと思います。

## 後口の悪さの原因「微粉」を取り除く

しかし、粒度にはどうしてもばらつきが出ます。その大きさはミクロン単位で異なり、限りなくゼロに近いサイズもあれば、１０００ミクロンレベルの大きな粉まで幅広く存在

粒度が均一な、家庭用電動グラインダーの最高峰であるカリタの「NEXT G」

世界トップのバリスタも競技会で使用する、世界最高峰の手挽きミル「Comandante C40」

します。

先に紹介したように、粒度の幅は粒度分布と呼ばれ、その幅が狭ければ狭いほど、優れたグラインダーであると言われています。また、粒度分布はグラインダーの製品開発時の指標となり、製品開発に携わっている私のようなコンサルタントはよく目にする機会があります。

その粒度分布において、限りなくゼロに近い数値の粒度が**「微粉」**と呼ばれています。英語では、100ミクロン以下の微粉のことを「Fine」と呼びます。

抽出の際に問題になるのが、微粉の存在です。エスプレッソ抽出や浸漬法においては重要な役割を果たす微粉ですが、透過法における微粉はいわゆるエグ味や収斂性をもたらし、後口の悪い味わいにつながります。また、微粉が多量に発生すると、微粉によってドリッパーが目詰まりする可能性もあります。せっかく上手に抽出しても、嫌な味わいが出ては元も子もありません。解決方法は2つあります。

**❶微粉を出しにくい、高品質なグラインダーを買う**
**❷微粉をシフター（ふるい）を使って手動で取り除く**

❶の場合、劇的に微粉の量を減らすことができ、より狭い粒度分布でコーヒーを挽くことができるようになります。しかし、どんなに高品質なグラインダーでも、微粉は必ず出ます。その量が多いか少ないかという差だけです。ただ、劇的な味わいの差を感じていただけます。

❷の場合は、誰でもできる簡単な方法なのでおすすめしています。微粉がドリップに与える影響を感じることができるでしょう。コーヒー専用のシフターも存在します。例えば「Kruve」は、100ミクロンから1000ミクロンまでのシフターで、コーヒーの粉を揺すって選り分ける商品です。

そこまでしたくないけど、微粉は取りたい場合は**「茶こし」**があります。茶こしにも種類があり、目が粗い物から細かい物まであります。茶こしの穴の大きさは、メッシュという単位で呼ばれており、これはミクロンに換算することができます。

例えば、140メッシュは106ミクロンと換算できます。ですので、100ミクロン以下の微粉を取り除きたい場合は、140メッシュの茶こしの購入をおすすめします。茶こしに粉を入れて、側面を叩きながら揺すっていただくと、微粉が落ちていきます。微粉を取り除くことで、過抽出によるエグ味や収斂味の発生を抑えることができますので、ぜひお試しください。

## 静電気による「粉の飛散」防止法

電動グラインダーで豆を挽く際に粉がグラインダー周りに飛散したり、グラインダー本体にこびり付いた経験はありませんか。静電気はコーヒー豆とグラインダー（刃）の摩擦によって発生します。特に刃の回転数の速い電動グラインダーによく見られる現象です。静電気が発生することによって、粉受けに粉がへばりついたり、挽いている最中に粉が飛散したりしますので、日々コーヒーを挽いて淹れる方にはきっとストレスだと思います。キッチンも汚れますし、粉の飛散を防げたらどれほど良いか……。

電動グラインダーには、カリタのＮＥＸＴ Ｇのように静電気除去装置を完備しているグラインダーや、刃の回転数を遅く設計したグラインダーなどもありますが、静電気の発生を防ぎ、粉の飛散を最小限に止める最も簡単な方法は、**「コーヒー豆を少量の水で濡らすこと」**です。

スプーンやお箸を水にくぐらせて、水が少しついたスプーンもしくはお箸でコーヒー豆をかき混ぜて挽いてください。静電気が起きやすくなる原因は「乾燥」ですので、たった少量の水だとしても大幅に静電気を軽減できます。

これほど少量の水分であれば、グラインダーや味わいにも影響はありませんので、粉の飛散でお困りの方はぜひお試しください。粉受けからドリッパーに粉を移す際も、ストレスなく粉を移すことができます。

## 挽き目は味にどう影響するのか？

グラインダーをお持ちでない方は、「今日は中挽きでお願いね」とお店にオーダーしていると思います。グラインダーをお持ちの方は、グラインダーの目盛り表記に則って、挽き目を選んでいるのではないでしょうか。

まずは日本における一般的な粒度表記の理解から始めましょう。

**粒度の種類** ⬇ **極細挽き／中細挽き／中挽き／中粗挽き／粗挽き**

極細挽きは、エスプレッソやターキッシュコーヒーなどに使用される挽き目です。見た目は上白糖のようにサラサラで、非常に細かい粒度で形成されています。

コーヒーメーカーやドリップなどご家庭でもポピュラーな抽出方法に用いられる粒度は、中挽きから中粗挽きです。お好みで粗挽きも選択肢として考慮されると思います。

一般的な目安として、**「焙煎度合い」と好みの「濃度」を考慮して挽き目を決めると良いと思います。**例えば、濃度は濃いめが好みであれば深煎りで中細挽き、比較的あっさりめが好みであれば浅煎りで中粗挽きを選びましょう。一般的なドリップの挽き目は中挽きと考えてください。

味わい判定表に対応させて考えると、図10のようになります。

基本的に濃度は縦軸の**「粒度」**（極細～粗）で決まり、味わいは**「焙煎度合い」**（浅～深）に応じて横軸を移動します。例えば、粒度が極細挽きで、焙煎が深い場合だと、濃度が最も高く、苦味も強くなるので、「コク」に該当するカテゴリーに位置します。

中細挽きだと、極細挽きより濃度は低くなりますので、同じ深煎りを使用したとしても味わいは異なります。

粒度は抽出の肝と言えるほど重要な要素です。私は、生豆の品質と焙煎の質に次いで3

## 図10「粒度×焙煎」の違いによる味わい判定表

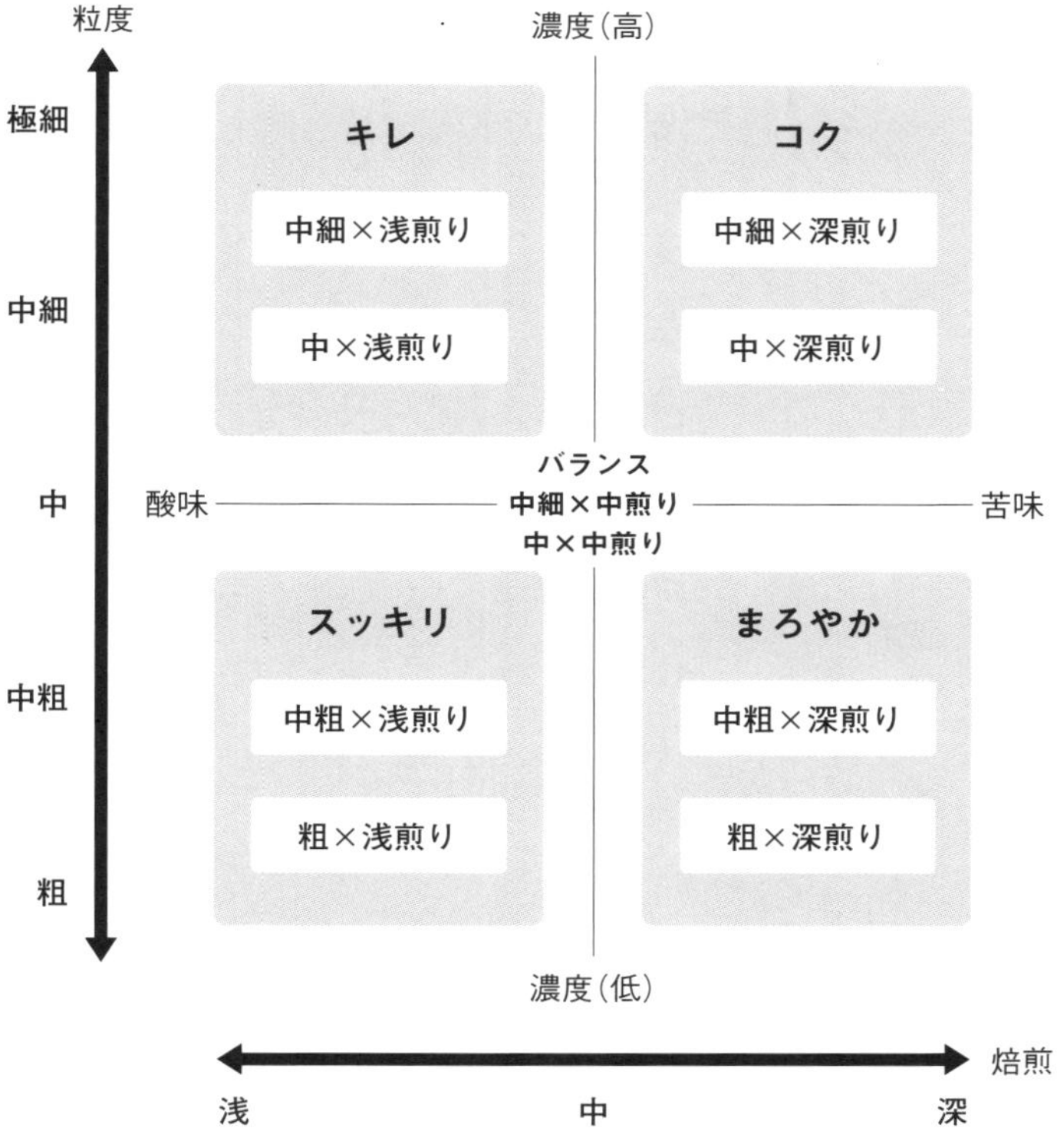

番目に味わいを決める重要な要素であると認識しています。

粒度の質や設定次第でコーヒーの味わいが劇的に変わりますので、低品質なグラインダーを使用して高品質なコーヒーを抽出することは不可能です。それほど粒度が抽出に対して果たす役割は大きなものです。

繰り返しますが、投資するならグラインダーに投資してください。もしプロペラグラインダーで挽くなら、お店で少量ずつ挽いてもらった方が良いと考えているほど、粒度は抽出における肝であることを認識していただければと思います。

## すべての源泉となる2つの抽出法

次に、抽出法の概要を説明したいと思います。抽出方法には、ペーパードリップ、フレンチプレス、エスプレッソ、エアロプレスなど、数多くの抽出方法が存在しますが、基本的に抽出は2通りに分類することができ、その2種類の考え方をもとに抽出が行われています。まずはさまざまな抽出方法の源泉となる抽出法の分類をご説明したいと思います。

「粒度」は抽出の肝。
設定次第で味わいは
劇的に変わる。

## ❶浸漬法

一般的に、コーヒーの粉と水を一度に混ぜる抽出方法を浸漬法と呼びます。浸漬法の特徴として、抽出過程の初期に高い濃度に到達します。フレンチプレス、サイフォン、ジェズベなどが代表的な抽出器具です。

## ❷透過法

エスプレッソ、ペーパーフィルター、金属フィルター、ネルに代表される、重力や圧力を使用した淹れ方を指します。透過法は、粉の層を形成し、その層を断続的にお湯が通ることでコーヒーが抽出されます。

なお、浸漬法、透過法を組み合わせたハイブリッド型の抽出方法も存在します。エアロプレスやクレバードリッパーが有名なハイブリッド型の抽出方法と言えます。

## 10の抽出法の特徴とは？

**浸漬法**

### ●フレンチプレス

粉に直接熱湯を入れて、数分間つけおきした後、金属のプランジャーを使って濾《こ》します。日本では紅茶用として使われることも多いですが、欧米では家庭用のコーヒー抽出器具として広く認知されています。抽出の難易度も低く、特別な技術は必要ありませんので、ビギナー向けと言えます。

コーヒーの油分が濾過されずに抽出されるため、味わいは濃厚ですが、その一方で微粉もカップに入りますので、多少舌触りに影響が出ます。

### ●サイフォン

フラスコ内の気圧の変化を利用した抽出方法として有名です。見た目の華やかさや視覚的効果から熱狂的なファンの多い抽出方法として知られています。一般的には高温帯で抽出ができますので、香り高いコーヒーを抽出することができます。その一方で、メンテナンスや掃除に難がある一面も。

### ●ジェズベ

トルコ式コーヒー、イブリックコーヒーとも言われる抽出方法で、水と極細挽きにした粉を合わせ、沸騰するまで加熱し抽出します。飲み方も独特で、粉を濾すことなくカップに注ぎ、粉が沈むまで待ってから上澄みを飲みます。濃度も比較的高い抽出方法です。

**透過法**

### ●ペーパードリップ

日本では最も一般的な抽出方法ではないでしょうか。ドリッパーにペーパーフィルターをセットし、コーヒーの粉の層を濾すように抽出する方法です。抽出される液体は、ペーパーフィルターとコーヒーの層で清澄化され、澄んだ液体になります。

### ●メタルドリップ

主に金属フィルターを使用し、ドリップする方法です。ペーパーフィルターの代わりに、金属フィルターを使用することで、油分も抽出することが可能です。また、使い捨てのペーパーとは異なり、リユーザブルで環境に優しい抽出方法と言えます。しかし、微粉の量は減るもののわずかながら抽出されますので、微粉のザラザラ感が苦手な方には向きません。

**●ネルドリップ**

フランネルと呼ばれる柔らかい布素材を使う抽出方法として、日本でも根強い愛好家の多い抽出方法です。トロッとした質感はネルドリップ独特の特徴と言えます。ただし、ネル自体の清掃や保管方法に気をつける必要があります。

**●マキネッタ**

沸騰したお湯の蒸気圧で抽出する直火式タイプの抽出方法。イタリアの家庭に必ず1台はある抽出器具として有名です。１００度を超える蒸気圧で抽出するため、濃度の高いコーヒーを抽出することができます。

●エスプレッソ

極細挽きにした粉を押しかためて、圧力をかけて抽出する方法です。濃度がドリップコーヒーと比べて、10倍近く高い場合もあります。エスプレッソの抽出には、高度な技術や抽出への理解、また高額なマシンが必要になるため、ご家庭用にはおすすめできません。

**ハイブリッド型**

●エアロプレス

2つの大きな筒で構成され、注射器のように重ね合わせることで、コーヒーを押し出すような仕組みの抽出方法です。空気圧を利用して抽出するため、細挽きの粉を使用し、抽出時間も比較的短い抽出方法として知られています。北欧でよく見られる抽出方法で、現在は世界大会も開催されるほどの人気のある抽出方法です。

●クレバードリッパー

見た目はドリッパーですが、下部にバルブがついており、お湯をドリッパー内に溜めておくことができる、浸漬法と透過法を組み合わせた抽出方法です。浸漬法の質感が好きだけど、微粉は苦手、という声に応えた比較的新しい抽出方法として認知されています。

# ドリッパーの違いで味はここまで変わる

本書では、日本で最も一般的な抽出法である「透過法」、その中でも最も一般的な抽出方法として知られるペーパードリップを例に取り、ペーパードリップのメカニズムとドリッパーの種類を説明したいと思います。

ペーパードリップは透過法を代表する抽出方法です。抽出の際はお湯がドリッパー内でフィルターベッドと呼ばれるコーヒーの粒子の層を通過し、ペーパーでコーヒーを濾すように抽出されます。

仕上がりの液体は、フィルターベッドにて清澄化された液体を、さらにペーパーで濾して抽出しますので、粉っぽさも残らず、透明感のある液体に仕上がります。

ドリッパーは大きく分けて、**「台形型」「円錐型」「ウェーブ型」**の3種類があります。台形型で有名なドリッパーは、カリタやメリタがあげられます。円錐型で有名なドリッパーは、ハリオやコーノが有名でしょう。ウェーブ型で有名なのもカリタです。

原則、コーヒーの粉を濾すという原理は変わらないのですが、ドリッパーの**「形」「穴の数」「大きさ」「リブ（溝）」**の有無によって味わいは変わります。

主にドリッパー内にお湯が滞留する時間が長くなったり、短くなったりすることで、流速が速くなったり、遅くなったりします。その結果、味わいがスッキリしたり、濃度感が上がったり、ボディに重さが出たりと、味わいにバリエーションが生まれます。

特にドリッパーの形状の違いによって、フィルターベッド（ドリッパー内の粉の層）の深さが変わります。フィルターベッドの深さは抽出時間に影響を与え、ドリップコーヒーの味わいに大きな影響を与えます。

この現象は、多孔質の媒体を通る液体（この場合はフィルターベッドを通る水）の動きを表すダルシーの法則で説明できます。この法則によると、フィルターベッドをお湯が通過する距離が長くなればなるほどお湯の流速が減少します。つまり、フィルターベッドが深い場合は、**お湯が通過するまで時間がかかるのです**。

例えば、まったく同じ粉量と粒度で抽出した場合、直径の小さいドリッパーより直径の大きいドリッパーの方は流量が増加するので、お湯が通過しやすくなります。

このようにドリッパーの形状を理解した上で抽出に臨むと、より自分好みの味わいに近いコーヒーを抽出することができます。その上で、コーヒーそのものの風味特性や焙煎度

## 図11 透過スピードの違い

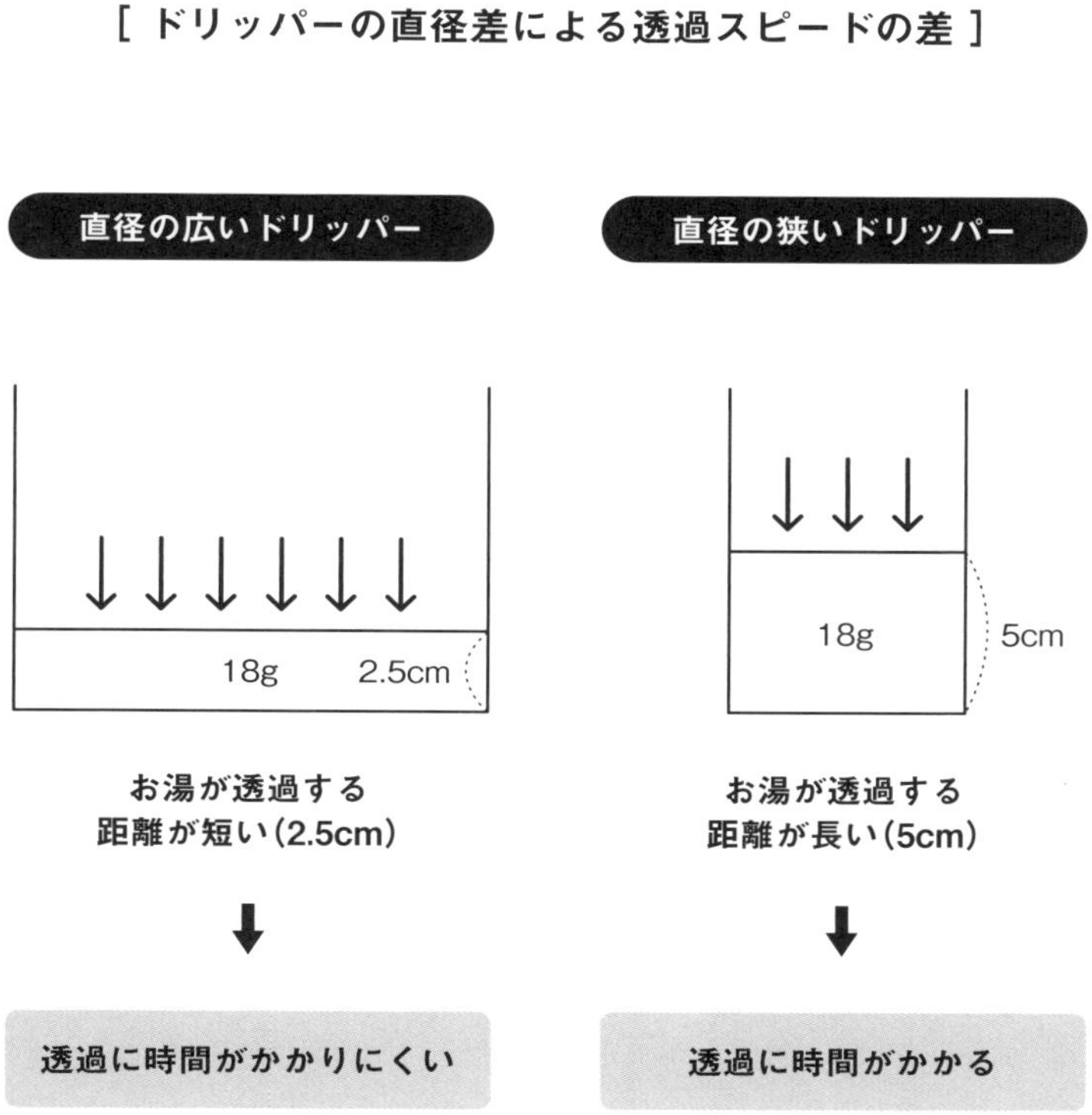

合い、ブレンドかシングルか、など味わいや好みに応じてドリッパーを決めると良いでしょう。

**市販されている主なドリッパー**

・ハリオ（円錐・V60）
・カリタ（台形3つ穴）
・カリタ（ウェーブ式）
・メリタ（台形1つ穴）
・コーノ（円錐・リブ短め）

以上が日本で一般的なドリッパーです。ドリッパーだったら味は同じでしょう、と思うかもしれませんが、ドリッパーの形状や穴の数、リブ（溝）の長短、素材で味わいは変わります。また、それぞれのドリッパーには専用のペーパーフィルターが存在します。

私の個人的なお気に入りのドリッパーは、ORIGAMIドリッパーです。比較的新しいドリッパーですが、磁器製にもかかわらず、重量が軽く、高温で抽出できるドリッパーです。カリタウェーブのフィルターやV60のフィルターを使用することができますので、

世界中のトップバリスタから愛されるORIGAMIドリッパー（株式会社ケーアイ）

お好みで流速もコントロールすることができます。

次節で、ドリッパーによる具体的な味わいの違いやどうすれば自分好みのドリッパーを選ぶことができるか、その方法を詳しく説明していきます。

## 「流速」が濃度感を変える

前節にて、透過法のメカニズムとドリッパーの種類を学びましたが、ここではいかにドリッパーが味わいに影響を及ぼすかについて考えてみたいと思います。

ドリッパーの形状、穴数、リブの差は、お湯がフィルターベッドと呼ばれる粉の層を通過するスピード、いわゆる流速（抽出時間）に影響を及ぼします。流速が速ければお湯と粉の接触時間は短くなりますし、流速が遅ければ逆にお湯と粉の接触時間は長くなります。

したがって、同じレシピを使用して異なるドリッパーで抽出した場合を比較すると、流速に大きな違いが生まれ、その結果コーヒーはまったく異なる味わいになります。

**流速が速くなると、コーヒーの味わいはサッパリと仕上がり、流速が遅くなると、コーヒーの味わいに重さが出ます。** 流速は抽出液の濃度感に影響すると考えてください。すなわち、まとめると次のようになります。

**濃度感が高めのコーヒー ➡ 流速の「遅い」ドリッパーを選ぶ**
**濃度感が低めのコーヒー ➡ 流速の「速い」ドリッパーを選ぶ**

流速が速い順番にドリッパーを並べると、図12のようになります。

V60は底面にある抽出口が大きく、リブも長いため、お湯の抜けが良いドリッパーです。お湯の抜けが良い分、淹れ手によって湯量をコントロールすることで濃度感も調整しやすいドリッパーと考えられています。サッパリした濃度感を求めたい人に向いていると思います。

コーノ式も同じく底面にある抽出口が大きいことが特徴ですが、リブがV60と比べて短く、お湯の抜けは比較的遅くなりますので、V60よりも少し濃度感が欲しい、と言う場合にうってつけのドリッパーと言えます。

ウェーブ式の〝ウェーブ〟の由来は正確に説明するとフィルターを指しています。穴は

3つ穴ですが、配置がカリタ・3つ穴式とは異なります。3つ穴式は穴が直列に配置されているのに対し、ウェーブ式は円を描くように配置されており、底面はフラットでお湯と粉がしっかり接触するように作られています。

しかしウェーブ式のフィルターのおかげで、ドリッパー自体とフィルターの接触面が少ないので、お湯の抜けも比較的良いドリッパーです。

カリタ・3つ穴式は前述の通りドリッパーの底面に穴が3つ直列に配置されているドリッパーです。お湯と粉がしっかりと触れ、流速が比較的遅いので濃度感のある味わいが好みの方にはうってつけのドリッパーと言えます。

メリタ式は、世界初のペーパードリッパーを開発した会社として有名なメリタ社が開発したドリッパーです。メリタ式の特徴は、底面の1つ穴です。当然1つ穴ですので、お湯と粉が終盤までしっかりと触れ合った状態で抽出されますので、濃度感のあるコーヒーを楽しむことができます。

このように同じドリッパーといえど、その形状、穴の数、そして使用されるフィルターの形によって流速が変わり、その結果濃度感や再現される味わいが異なります。図12のドリッパーによる流速の違いを目安にして、自分好みの濃度感（味わい）に近いドリッパーを選び、味作りをしていきましょう。

## 図12 主なドリッパーによる湯抜けと濃度感の違い

※同一条件下で抽出した場合

| 形状 | メーカー | ドリッパー | 湯抜け（スピード） | 濃度感 |
|---|---|---|---|---|
| 円錐<br>V60 | ハリオ |  | 速 | 低 |
| 円錐<br>リブ短め | コーノ |  | | |
| ウェーブ | カリタ |  | | |
| 台形<br>3つ穴 | カリタ |  | | |
| 台形<br>1つ穴 | メリタ |  | 遅 | 高 |

# ドリッパーの「素材」でも味は変わる

ドリッパーの素材が、どのように味わいに影響を与えるのか想像したことはありますか？　多くの人は、その見た目や使い勝手、耐久性などを目安に購入していると思いますが、ドリッパーの素材によってもコーヒーの味わいは変わります。

ドリッパーに使用されている主な素材は、プラスチック、セラミック（磁器）、ガラス、金属です。ドリッパーの素材が味わいに影響を与える理由は、比熱と熱伝導率が主な理由です。

比熱とは「1グラムの物質の温度を1度上げるために必要なエネルギー〝量〟」を指し、熱伝導率とは「熱の伝わる〝速さ〟」を指します。ですので、素材によって温まりやすく、冷めやすい素材が存在し、温まりにくく、冷めにくい素材も存在します。

プラスチックは最も安価で手に入りやすいドリッパーです。プラスチックは温まりにくい反面、非常に冷めにくい素材ですので、抽出温度を保つためには適した素材とも言えます。その上、耐久性も高いので、私も出張の際や旅行の際によく持参します。

セラミックはドリッパーで最も愛されている素材の1つです。見た目のエレガントさや重厚さがインテリアとして映えますし「ドリッパーと言えばセラミック」というイメージをお持ちの方も多いと思います。

セラミックはプラスチックより保温性が高い素材ですが、気をつけるべき点は「重量がプラスチックより重い」ことです。重量が重ければ抽出温度を劇的に下げますので、セラミックのドリッパーを使用する際には抽出前に入念に温めておくことが重要です。

ガラス素材は比熱も比較的低く、セラミック製の重さの半分程度なので、熱の吸着も起こりにくく、ドリッパーとして比較的使いやすい素材と言えます。見た目もエレガントな素材です。

金属の比熱は低く、熱伝導率は高いので、すぐに狙いの抽出温度まで到達することができます。しかし、金属製のドリッパーの重量は軽く、プラスチック、セラミック、ガラス製の素材より温度が下がりやすい側面がありますので、あまり長時間の抽出には向いていません。

きちんと温めて使うなら、やはりセラミックのドリッパーがおすすめです。セラミックのドリッパーであれば、きちんと温めれば保温性も高いですし、抽出温度を保ちやすい素材だと思います。抽出時間が約3分程度であれば金属もおすすめです。金属であれば抽出開始時から高温で抽出できますので、高温で一貫して抽出が可能です。

多種多様なドリッパー。形状や穴数、素材などによって味わいを変えられる

## 濃度の高低を変えて好みを探る

コーヒーのフレーバー、甘味・酸味・苦味、そして質感に代表される味わいは主観的な表現であり、個人の嗜好にその評価は大きく影響を受けます。

その一方で、「濃度感」は客観的な数値で表すことができ、数値によって嗜好に合った味わいをコントロールすることが可能です。

ここでは「濃度感の高低」で好みを探る方法をご紹介しましょう。味わいに影響を与える要素は不確実かつ不特定多数の要素で満たされていますが、濃度感はある程度の予測がつき、論理的な再現性があります。

濃度は大まかに分類すると「焙煎度合い・お湯の温度・粒度・ドリッパー」に影響を受けます。特に影響が大きいのが、焙煎度合いです。焙煎度合いが深くなればなるほど、濃度は上がります。これは焙煎度合いが深くなると溶解度（お湯にコーヒーの成分が溶け出す割合）が高くなることが影響しています。

お湯の温度も濃度感に影響を及ぼします。温度が上がれば上がるほど溶解度は上がりますので、沸騰したてのお湯と比べて80度で抽出した場合の濃度は低くなります。

粒度は細かくなればなるほど濃度感が上がります。豆の表面積が増えればお湯と触れる面積が増えますので、結果として濃度が上昇します（粒度を細かくすることによる濃度の上昇には限界があります）。

ドリッパーも説明した通り、底面部の穴の数や形状によって濃度感が変動します。例えば、「深煎り＋高温＋粒度細かめ＋メリタ式」＝濃度感が高くなりますし、「浅煎り＋低温＋粒度粗め＋ハリオV60」＝濃度感は低めとなります。濃度感が高ければ、苦味にベクトルが向きやすくなり、濃度感が低ければ比較的酸味を感じやすくなります。

自分好みの濃度感を知ることで、気分に応じて抽出し分けることも可能です。

例えば、朝は少しだけスッキリ飲みたいな、と思えばドリッパーを使い分けたり、買ってきたコーヒーが思ったより深煎りで苦すぎる場合は、温度を使い分けたり、「焙煎度合い・お湯の温度・粒度・ドリッパー」のいずれかを調整することで濃度感をコントロールすることができます。

濃度感に影響を及ぼす順番は「焙煎度合い＞粒度＞お湯の温度＞ドリッパー」と考えていただければ、自分好みの濃度に到達する近道となりますよ。

# CHAPTER 4

# プロに負けない最強の抽出メソッド

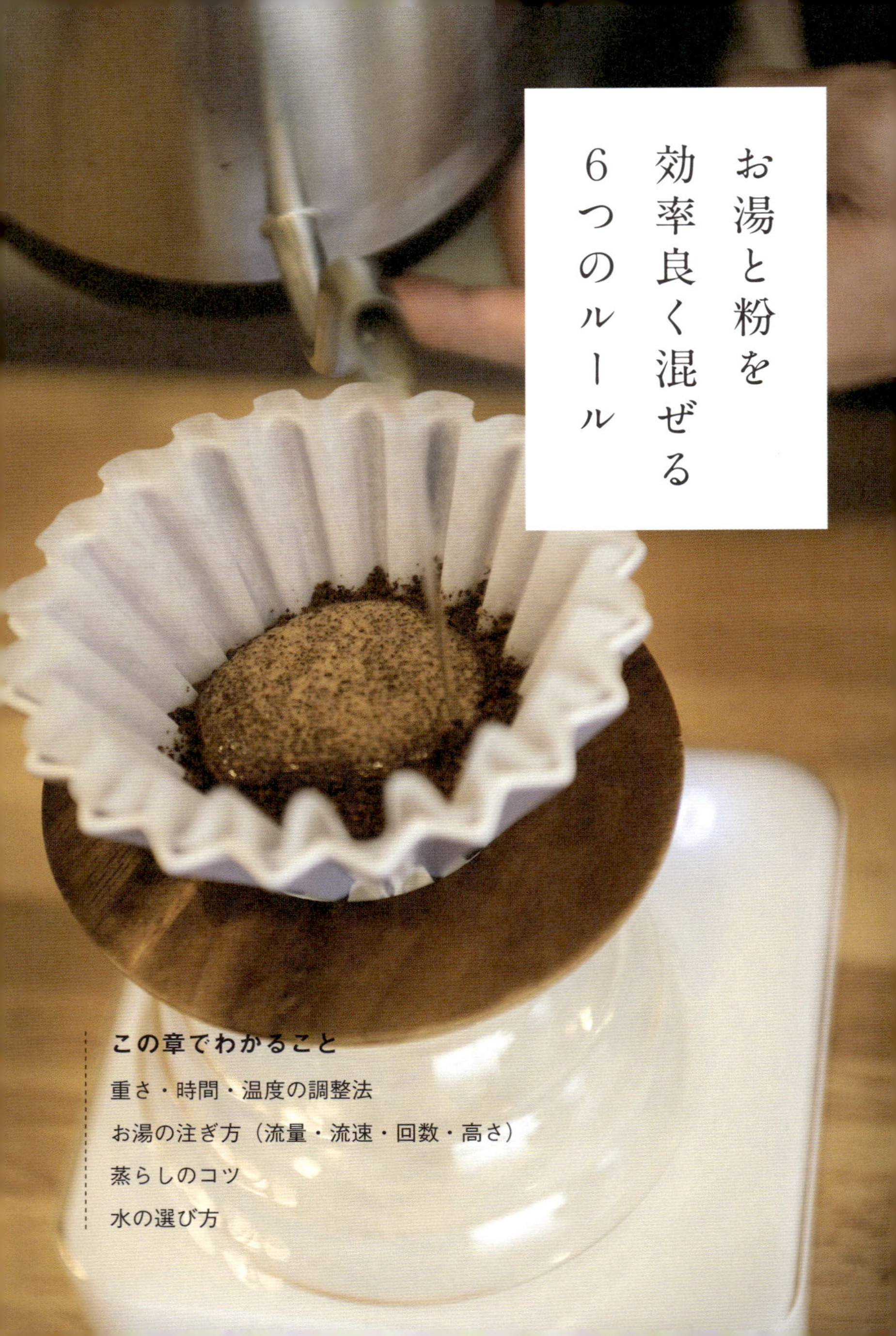

# お湯と粉を効率良く混ぜる6つのルール

**この章でわかること**

重さ・時間・温度の調整法

お湯の注ぎ方（流量・流速・回数・高さ）

蒸らしのコツ

水の選び方

# 豆の成分は3割しか水に溶けない

良い抽出とは「お湯とコーヒーの粉を最適な比率で効率良く混ぜる作業」と説明しましたが、なぜ「効率良く」混ぜる必要があるのでしょうか？

お湯とコーヒーの粉を混ぜることで、コーヒーの成分が水に移行する現象を抽出と呼びますが、抽出においてコーヒーの成分を１００％溶解させることは不可能です。なぜなら、コーヒー豆の約70％が水に溶け込むことのない不溶性固形分で構成され、**水に溶け込むことができる可溶性固形分は約30％程度しか存在しないからです。**

したがって、**いかに効率良くコーヒーの成分を水へ移行できるか**、が抽出における最も重要な考え方となります。

より効率の良い抽出は、アロマ、フレーバー、舌触りなど、「コーヒーほど複雑な飲み物はない」と呼ばれる味わいにつながります。コーヒーをコーヒーたらしめる味や香りは、化学物質の組み合わせによって生み出されます。そんな複雑な飲料であるコーヒーの抽出コーヒー豆の7割は水に溶けない。
3割の成分をいかに効率良く
水に移行できるかが勝負。

もまた複雑な工程と変数で構成されています。

したがって、100回抽出して、100回まったく同じような味わいに抽出できるか、というとそれは不可能と言えます。それほど、コーヒーの味わいに影響を与える要素は数多く存在するのです。

だからこそ、できるだけ再現性の高い方法を選択すること、すなわち「数字」を頼りに抽出の再現性を高めることが重要になります。その数字の重要性を次節で紐解いていきます。

## 数字は嘘をつかない

より美味しいコーヒーを、再現性高く抽出するためには、次の6つを計測し、遵守することが大切です。

## 抽出の6つのルール

❶豆の重さ
❷お湯の重さ
❸抽出時間
❹温度
❺蒸らし
❻注ぎ方（流量・流速・回数・高さ）

では、順に説明していきましょう。

### ❶豆の重さ

みなさんはどのようにコーヒー豆を計量していますか。おそらく最も一般的な方法は、計量スプーンで計量する方法ではないでしょうか。すり切り1杯がコーヒーカップ1杯分、すり切り2杯が2杯分、というように記憶している方もいらっしゃると思います。

家庭で淹れる最初のステップとしては簡単なので私は良いと思っていますが、もっと美味しいコーヒーを楽しみたいと思っていらっしゃる方にはおすすめできません。スプーンを使った計量方法はコーヒーの体積を基準にしていますが、**コーヒー豆は焙煎度合いによって重さが異なるからです**。

焙煎豆には微量ながら水分が含まれており、その水分量は焙煎度合いによって異なります。一粒あたりの豆の重さは、焙煎度合いが深くなればなるほど軽くなり、浅くなればなるほど重くなります。

計量スプーンを使った計量方法は、コーヒー豆の体積が基準となります。当然、浅煎りと深煎りでは体積は同じでも、重さが異なりますので、不安定な味わいの原因となり得ます。またコーヒー豆は、品種によって豆の大きさも異なりますので、品種の違いもまた計量スプーンによる一貫した計量を難しくします。

これらの理由から、コーヒー豆は**「スケール（電子秤）」**で重さを測っていただくと、再現性が増します。スケールで重さを測ることで、浅煎りであろうが深煎りであろうが、いつも重さは同じになります。

### ❷お湯の重さ

使用するお湯の量を計量することも重要です。普段みなさんが抽出する際に目安としているのは、きっとサーバーの目盛りではないでしょうか。例えばドリップで抽出するとき

コーヒー専用のスケールを
使えば、豆・お湯の重さや
抽出時間を簡単に測れる

は、「この線に来たら○杯分かな?」といった目安を持って抽出していると思います。サーバーの目盛りはあくまでも、メーカー表示の「目安」であって目分量です。また抽出量は、目盛りを見る角度次第で大きく変動しますので、抽出量に不安定さをもたらします。

よって、美味しいコーヒーを抽出するためには、抽出量ではなく**「抽出に使用するお湯の量」**を計量することをおすすめします。計量したコーヒーの粉、抽出器具(ドリッパー、ペーパーフィルター、サーバーもしくはカップ)をスケールに載せてゼロ設定することで、抽出に使用する湯量のみをスケールで計測することができます。つまり、抽出中に加えているお湯の量を抽出開始時から終了するまで継続的に把握することができるのです。

具体的には次のような手順になります。

**(1) 計量したコーヒーの粉を抽出器具にセットする**

**(2) コーヒーの粉をセットした抽出器具ごとスケールに載せてゼロ設定する**

**(3) 規定の湯量に達したら抽出を終える**

抽出とは「お湯とコーヒーの粉を最適な比率で効率良く混ぜる作業」と前述しましたが、

抽出成功の秘訣は、コーヒー豆の重さだけではなく、使用するお湯の重さをコントロールすることが鍵となります。

### ❸抽出時間

3つ目のポイントは、抽出時間を計測することです。抽出時間がその日の気分で変わってしまっては、せっかくコーヒー豆の重さやお湯の重さを計測した努力が台無しです。抽出時間とは、すなわち**お湯とコーヒー豆が触れ合う時間**です。お湯がコーヒー豆と触れ合う時間によって、コーヒーの濃さや薄さ、味わいの出方に影響を与えます。

理想的な抽出時間は、抽出方法によっても異なります。当然、同じ抽出方法内でも出したい味わいによって抽出時間は変動します。

一般的な抽出時間は、ドリップなら「2〜3分」です。一貫性を持って抽出時間を守ることが抽出の上達に重要だと思います。

「一般的」とご説明したのは、本書における抽出時間の目安を「**3〜4分**」に設定しているからですが、こちらは後ほど詳しくご説明します。

残念ながら、抽出を習得していく上で、生豆の品質や状態、焙煎、保存方法など、抽出だけではコントロールできない要素も多々あります。しかし、美味しいコーヒーを自宅で楽しむためには、数字でコントロールできる要素をなるだけコントロールし、現状より悪化しないようにする、「守りの抽出」の考え方も重要です。

### ❹ 温度

４つ目のポイントは、抽出時に使用する湯温をコントロールすることです。前提として、水が最大限の抽出力を発揮するのは「１００度」であることを覚えておく必要があります。しかし、水の抽出力が最大限に到達するということは、好ましい成分も好ましくない成分も同時に最大限引き出される可能性があります。

温度をコントロールする上で重要なことは、**焙煎度合いに合った温度帯**を知ること、そして**自分好みの濃度感を引き出す温度帯**を知ることです。

ドリッパーは構造上、お湯と空気が触れる表面積が大きいので、抽出中に抽出温度が否応なしに段々と下がります。例えば風通しの良い場所や空調の真下でドリップをする場合は、より顕著に抽出温度が下がりますので、ドリップをする場所にも細やかな配慮が必要です。

また、**事前にドリッパーを温めていなかったり、ドリッパーの素材によっても、抽出温度は劇的に下がります。**いくら抽出湯温をコントロールしても、抽出環境次第で抽出温度は変化する可能性があるのです。
したがって、焙煎度合いに応じた自分好みの濃度感を引き出す抽出湯温を探った上で、抽出温度の低下を防ぐために最善を尽くすことが重要です。

## ❺蒸らし

5つ目のポイントは蒸らしです。一般的に、蒸らしにおけるゴールとは「コーヒードーム」を作ることであり、「コーヒードーム」が上手にできなければ蒸らしは失敗だ、と考えられているようですが、**「コーヒードーム」が上手くできたかどうかは、抽出の成否にまったく関係がないと思います。**

コーヒードームの正体は、お湯と反応して気泡化した二酸化炭素です。二酸化炭素は焙煎によって発生し、焙煎豆には必ず含まれています。二酸化炭素は焙煎が深くなればなるほど豊富に発生すると考えられており、その後時間をかけてゆっくりと豆から放出されます。

したがって、コーヒードームが膨らむか、膨らまないかは、二酸化炭素含有量の問題であり、蒸らしの技術を評価する指標とはなり得ません。もし単純にコーヒードームを綺麗に膨らませたいのなら、高温のお湯、焙煎直後の深い焙煎度合いのコーヒー豆を細かく挽

## 図13 抽出の6つのルール

| | | |
|---|---|---|
| 1 | 豆の重さ | 計量スプーンは体積を測るため、焙煎度合いによって重さが変わる。スケールで重さを測る方が正確。 |
| 2 | お湯の重さ | 大雑把な目盛りで○杯分、などと量を測るのではなく、使用するお湯の重さを測る方がお湯と豆の正しい比率を守れる。 |
| 3 | 抽出時間 | 味に一貫性を持たせるには、抽出にかかる時間を管理することが有効。長すぎず、短すぎない、適切な時間に調整する。 |
| 4 | 温度 | 温度によって濃度感は大きく変わる。焙煎度合いによって温度をコントロールすることが、好みの味に近づく秘訣。 |
| 5 | 蒸らし | お湯をコーヒーの粉にすばやく均等に行きわたらせ、本抽出で効率良く抽出することが目的。コーヒードームの膨らみ方とは関係ないので注意。 |
| 6 | 注ぎ方 | 流量、流速、回数、高さなど、注湯にはいくつものコツがある。粉をお湯に均等に触れさせるためには、ベストな数値がある。 |

いて抽出すれば、綺麗にコーヒードームが膨らみます。

また、注いだお湯がドリッパーから落ちなければ蒸らしの成功である、とまことしやかにささやかれていますが、こちらも蒸らしの成功の指標として正しいとは思えません。蒸らしにおいて最も重要なことは**「粉全体に適量のお湯が均等に行きわたること」**に尽きます。粉全体にお湯が均等に行きわたることで、本抽出にて抽出効率を高めることができるからです。

もし、蒸らしのフェーズでドリッパー内にお湯と触れていない粉があるとするなら、2投目以降の均一な抽出を阻害する原因になります。

ポイントは、蒸らしのフェーズでお湯を注いだ瞬間に均等にお湯を粉全体に行きわたらせ、本抽出フェーズで効率良く可溶性固形分を引き出すことです。

この前提条件を守った上で、蒸らしの時間を計測することも非常に重要です。蒸らす時間については後ほど詳しく説明します。

## ❻注ぎ方（流量・流速・回数・高さ）

注ぐ際の流量・流速も計測すべき重要な要素です。流量とは、ケトルから注がれるお湯の量を指し、流速とはケトルから注がれるお湯の速度を指します。流量・流速はコーヒーの味わいに少なからず影響を与えます。

その理由は、ケトルから注がれる際に発生する水流で、**ドリッパー内のコーヒーの粉が均等に攪拌《かくはん》されるか否かで、抽出効率に変化が現れるからです。**ドリッパー内のコーヒーの粉を水流によって効率良く均等に攪拌できれば、可溶性固形分を効率良く引き出すことができます。

効率良く攪拌させたいならば、勢いよく注げば良いのでは、と思われるかもしれませんが、あまりにも早い流量・流速では、一部の粉のみ攪拌され、強い水流によってえぐられたフィルターベッドからお湯が抜け出し、結果として抽出液の濃度を薄める結果となります。

流量・流速が遅すぎても、粉が水と触れ合うことなくダマを形成し、未抽出の原因となります。適切な流量・流速とは、ドリッパー内のコーヒーの粉が重力に勝り、ドリッパー内を綺麗に浮遊し、全体が均等に攪拌される状況が理想的です。

適切な流量・流速は、

**蒸らし　秒速3〜4ミリリットル程度**

**本抽出　秒速5〜7ミリリットル程度**

だと考えてください。

自身の流量・流速を知るには、水の入ったケトル、空のサーバーもしくはマグカップ、スケール、タイマーを用意し、タイマーのスタートと同時に10秒程度いつも通りの流量・流速でマグカップやサーバーに水を注いでみてください。毎秒どれくらいのお湯を注いでいるのかわかります。例えば、20秒で60ミリリットルのお湯を注いだ場合、流量・流速は、秒速3ミリリットルとなります。

秒速1～2ミリリットルだと遅く、10ミリリットルだと速すぎます。蒸らしは秒速3～4ミリリットル程度、蒸らしの後は5～7ミリリットル程度が、水流の力で最も効率良くドリッパー内の粉を攪拌することができる適切なスピードです。

注ぐ高さは**水面から5センチ程度**を目安にしましょう。注ぐ高さは、水流の強さに影響を与え、ドリッパー内の攪拌度合いに影響を与えます。注ぐ高さは、低すぎても高すぎても均等にドリッパー内を攪拌することができないので、5センチ程度を目安にコントロールしてください。

抽出において守るべき数字のルールは「豆の重さ」「お湯の重さ」「抽出時間」「温度」「蒸

らし」「注ぎ方」の6点です。

次節では、この6つのルールを守って、美味しいコーヒーを淹れるために必要なコーヒー豆とお湯の適切な比率を表す「抽出比率」を学んでいきます。

## プロが使う美味しさの方程式——秘伝の「抽出比率」

コーヒーを抽出する際には、数字に頼ることで味わいに一貫性が生まれ、再現性を限りなく高めてくれます。しかし、いざ抽出となった際にどれほどのコーヒー豆を使って、どれほどのお湯を使えば良いのか理解していないと元も子もありません。そこで重要となるのは、**「抽出比率」**の考え方です。

抽出比率とは、コーヒー豆とお湯の理想の割合を指します。抽出に理想的なコーヒー豆とお湯の割合を示す重要な指標で、プロも抽出比率の考え方に則って、レシピ作りを行います。

例えば、ドリップコーヒーに用いられる国際的に一般的な抽出比率は、コーヒー豆を1

として、お湯の量を16とする比率です。すると「1：16」という比率になります。もし、20グラムのコーヒー豆を使用して抽出する場合は20×16となりますので、320グラムのお湯が必要になる、という考え方です。

この比率はプロの世界で好まれて使われていますが、数字が細かく面倒なので、本書ではお湯100グラムに対して、コーヒー豆が何グラム必要なのか、を明記したいと思います。

抽出比率は、ドリップの場合、以下の比率を目安にしてレシピを作りましょう。

**抽出比率の基本 ➡ お湯100グラムに対して、コーヒー豆を6〜8グラム**

例えば、パートナーと一緒にコーヒーを飲もうかなと思ったら、約300グラムのお湯が必要になります。お湯の量100グラムあたりコーヒー豆を6グラム使用する抽出比率を採用した場合、必要なコーヒー豆の量は18グラムとなります（ドリップコーヒーの場合、1グラムの粉あたり2ミリリットル程度、粉が水分を保持するので、抽出量は300グラムとはなりません）。

コーヒー豆の量に幅を持たせている理由は、**右記の抽出比率の範囲内で、好みの濃度感を調整していただきたいと思っているからです。**私自身が良いと思っている濃度感と、み

## 図14 抽出比率の基本公式

| | お湯の重さ | | 豆の重さ |
|---|---|---|---|
| 基本比率 | 100g | : | 6(〜8)g |
| | ↓ ×3 | | ↓ ×3 |
| コーヒーカップ2杯分 | 300g | : | 18(〜24)g |
| たっぷり2杯分 | 500g | : | 30(〜40)g |

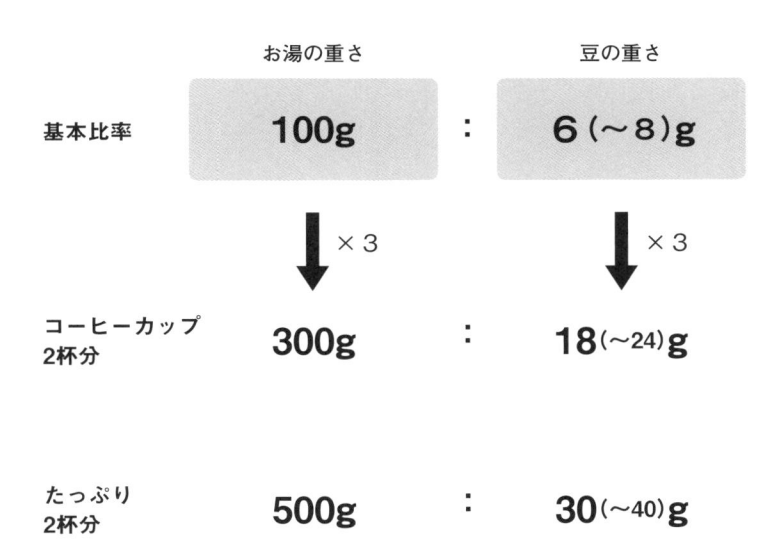

なさんの好まれる濃度感は必ずしも一致しませんので、この比率を目安にしつつ、好みの濃度感を探してみてください。

## 美味しく淹れるための基本の抽出レシピ

抽出比率と同じように、抽出レシピもまた数字をもとにしてデザインすべきだと考えています。抽出における一貫性を担保するためには、抽出比率だけでなく、抽出レシピも厳密に数値で管理する必要があります。また、味わいが自分好みではない場合の原因の特定や改善が容易になります。

抽出には大きく分けて2段階のフェーズが存在します。第1フェーズが**「蒸らし」**、第2フェーズが**「本抽出」**です。ここでは、私が普段から使用しているレシピをご紹介したいと思います。

第1フェーズの「蒸らし」では、使用する湯量に対して**20%のお湯**を注湯し、第2フェーズの「本抽出」で、残りの80%を**20%と60%の2回**に分けて注ぎます。もし、300グラ

数字をもとに
味わいに一貫性を持たせ
繰り返し最高の1杯を淹れる。

ムのお湯で抽出する場合は、60グラムを蒸らしのフェーズで使用し、その後60グラムと180グラムを抽出のフェーズで使用します。

抽出を20%、20%、60%に3分割することで、100グラムの抽出や400グラムの抽出においても、簡単にレシピを変更することができます。また、濃度を生み出す可溶性固形分は、抽出の前半でほぼ溶解しますので、2投目までにある程度の濃度に到達できるようなレシピ構成を組んでいます。

しかし、このレシピは3投で抽出が完了する容易さはありますが、その一方で**未抽出になるリスクも高い抽出方法**と言えます。そこで重要になるのが、**「蒸らし時間」**です。この蒸らし工程の成否で、濃度や味わいが劇的に変わりますので、次節で詳しくご説明します。

## 蒸らし方で抽出の成否が決まる

蒸らしは、お湯とコーヒーの粉が最初に触れるファーストコンタクトと言えます。**この**

## 図15 お湯の流速・流量・注湯回数

※300gのコーヒーを淹れる場合

| | 注湯 | お湯の割合 | 湯量 | 流速 | 作業時間 | | 累計時間*1 |
|---|---|---|---|---|---|---|---|
| 蒸らし | 1投目 | 20% | 60g | 3〜4ml/秒 | 注ぎ 約15秒 / 待ち 約45秒 | 約1分 | 1分経過 |
| 本抽出 | 2投目 | 20% | 60g | 5〜7ml/秒 | 注ぎ 約10秒 / 待ち 約50秒 | 約1分 | 2分経過 |
| | 3投目 | 60% | 180g | 5〜7ml/秒 | 注ぎ 約30秒 / 待ち 約30秒〜1分30秒（落ち切るまで待つ） | 約1〜2分 | 3分〜4分*2経過 |

＊1 注湯開始と同時にタイマーをスタートさせてください
＊2 3〜4分で落ち切らない場合は粒度を調整してください

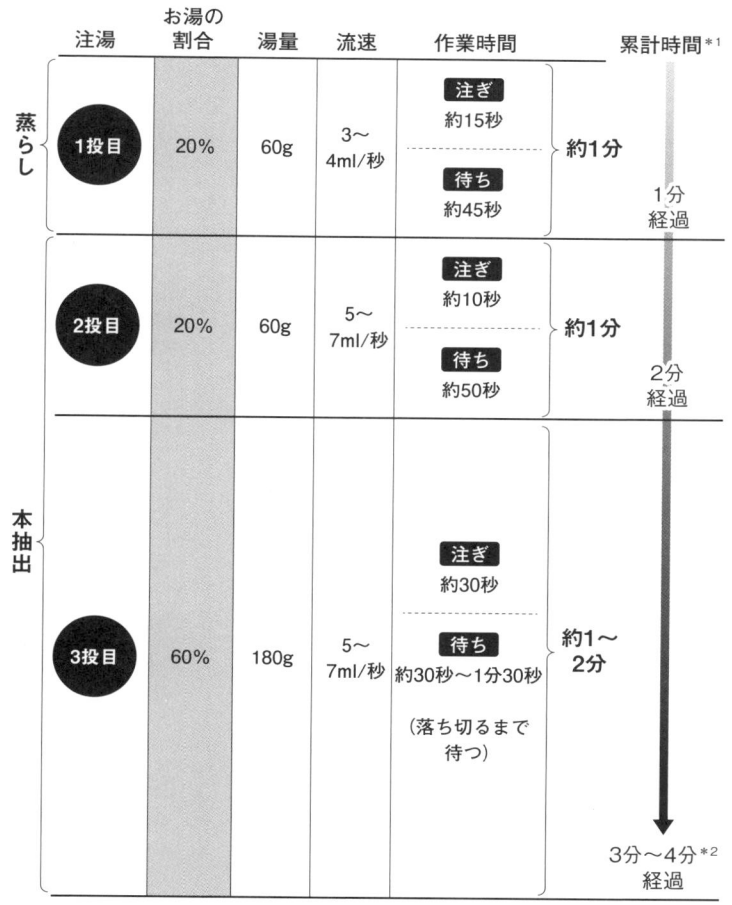

**蒸らしのフェーズで、最終的にコーヒーの成分がどれほど効率良く抽出されるか否かが決まると考えましょう。**

すなわち、蒸らしは、コーヒーの成分を効率良く抽出するための第一歩＝可溶性固形分を効率良く引き出す役割を果たします。可溶性固形分を効率良く抽出できる、ということは、コーヒーが本来持つ甘味、酸味、苦味、そしてフレーバーが適切に抽出される、と理解して良いでしょう。

蒸らしの際に注意すべき点は、3点あります。

**❶注ぎ方**
**❷蒸らし時間**
**❸注湯量**

以上の3点を守り、蒸らしを行ってください。

## ❶注ぎ方➡「中央から外側へ渦を巻く」「水面から5センチ」

まず、流量と流速ですが、秒速3〜4ミリリットルを目安に注湯スピードをコントロールしてください。注ぐ高さですが、あまりに高い位置から注ぐと強い水流でフィルターベッドがえぐられ、粉全体を均等に蒸らすことができません。したがって、注ぐ高さは**水面から5センチ**程度を目安に注ぎましょう。

フィルターベッドの**中央から外側へ向かって渦を巻くようにゆっくりと注ぎ、粉全体に均等に注湯する**ことが重要です。**フィルターの壁にお湯が当たっても構いませんので、粉全体にお湯が行きわたることを意識して注いでください。**

フィルターの壁にお湯が当たったら、コーヒーの粉と触れ合わずにお湯が抜けてしまうのでは、と思う読者も多いと思いますが、フィルターの壁までお湯を注がないと、フィルターの壁沿いに位置するコーヒーの粉にお湯が触れることはありません。したがって、しっかりお湯が浸透している中央部分と、お湯が浸透していないフィルターの側面部分で抽出ムラが起こります。

### ❷蒸らし時間➡「約1分」

次のポイントは蒸らし時間です。一般的に蒸らしの時間は抽出開始から「30秒程度」と考えられていますが、私の意見は異なります。30秒程度だと、お湯が粉の表面に十分に浸透することなく、次の本抽出フェーズに移行しますので、結果として溶解度が低くなることが検証でわかりました。

検証の結果、蒸らしを**「約1分」**かけて行った場合、粉の表面抽出を促進し、溶解度が劇的に向上することがわかっています。

蒸らしの時間をいくら延ばしたところで、粉の内部奥深くから可溶性固形分を引き出すことはできませんが、蒸らし時間を延ばすことで**粉の表面から効率良く可溶性固形分を本抽出フェーズで溶解させることが可能**だと考えています。結果として、コーヒーはより甘さを増し、舌触りも向上しますので、ぜひ試していただければと思います。

### ❸注湯量↓「全体の20%」「1回注ぎ切り」

蒸らしの際には、**全体で使用する湯量の20%を目安**に注湯量を決定してください。例えば、18グラムのコーヒーを使用して300グラムのお湯で抽出する場合、300グラムの20%となりますので、60グラムのお湯で蒸らす、という計算になります。

蒸らしに使用するお湯が10%だと粉全体に均等にお湯が行きわたらず、30%以上だと後の抽出工程において濃度感が狙いより薄くなってしまいます。蒸らし工程の注湯回数は**1回で注ぎ切り**、流量と流速を守りながら、中央から円を描くように湯量の20%分のお湯を粉全体に満遍なく注いでください。

フィルターの壁に張り付いた粉にお湯をしっかり当てて抽出ムラを避ける

「蒸らし」は、本抽出で豆の成分を効率良く溶解させるために重要な工程

## 本抽出時にお湯を注ぐテクニック

蒸らしのフェーズが終わったら、本格的な本抽出フェーズに突入するわけですが、その際の流量・流速と注ぎ方についても説明したいと思います。

抽出フェーズにおける適切な流量・流速は、**秒速5~7ミリリットル**が適切です。かなり細かい数値設定となっていますが、たった秒速5~7ミリリットルの流量・流速で味わいは変化します。

蒸らしのフェーズより流量・流速が増加している理由は、**水流によってドリッパー内の攪拌を促進する**必要があるからです。蒸らしによって本抽出の準備を整えたコーヒーの粉から、効率良く可溶性固形分を引き出す必要があります。

そのためには粉を水流によって攪拌させ、水流による物理的な衝撃を加えることで、可溶性固形分の移行を促進するのです。

秒速5ミリリットル未満でも7ミリリットル超でもドリッパー内で水流による攪拌が均

等に行われません。したがって、流量・流速は秒速5〜7ミリリットルで調整しましょう。

ちなみに5ミリリットルに近づけば、わずかながらに濃度が増し、7ミリリットルに近づけば、わずかながらに濃度が下がります。極端な微調整とはなりますが、自分好みの1杯にグッと近づける最終調整ポイントと言うこともできます。

注ぎ方は、中央から外側へ向かって渦を巻くように繰り返し注ぎ、フィルターの壁にお湯が当たるまで、規定量を注ぎ続けるようにしましょう。注ぎ始めは必ずフィルターベッドの中央から注ぐようにしてください。しっかりとコーヒーの粉とお湯を触れさせることができます。

その後、徐々にドリッパー内の水位が上昇してきますので、十分に水位が上昇したら、**フィルターの壁にしっかりお湯を当ててください。**

抽出を繰り返すと、微粉の移行がおきます。もともと大きな粉に静電気によって引き寄せられていた微粒子が、お湯と触れ合うことで、ドリッパー内を浮遊し、結果としてお湯が抜けやすい側面部分にへばりつきます。

しかし、側面部分にへばりつくと、粒子が360度全方向お湯に触れている状況を作ることができません。ドリッパーの壁にお湯を当てることで、粉を再びドリッパー内に押し戻し、お湯としっかり触れ合わせることで、効率良く可溶性固形分を抽出する狙いがあります。

本抽出フェーズでは、湯量に対して80％のお湯を20％と60％の2回に分けて注ぎます。蒸らしのフェーズで約1分待ったら、本抽出フェーズに移行します。

本抽出フェーズ1投目の20％は、秒速5～7ミリリットルの流速・流量で注ぎ始めます。抽出フェーズの2投目は、スタートから約2分経過した時点で直ちに最後の60％を同じ流量・流速で注ぎます。

よって、蒸らしフェーズから本抽出フェーズまでを合計すると、次のようになります。

**1投目　蒸らし＝20％（60グラム）約1分**

**2投目　本抽出＝20％（60グラム）約1分（開始から2分後）**

**3投目　本抽出＝60％（180グラム）約1～2分（開始から3～4分後）**

合計300グラムの湯量を使って、約3～4分で抽出するわけです。

抽出の終わりに、エグ味を避けるため、ドリッパー内のコーヒーをすべて落としきる前にドリッパーを外す、という方法もありますが、私は落とし切りで良いと思っています。

理由は、使用する粉量と使用する湯量から成る抽出比率を予めコントロールしているからです。

## ドリッパーを揺すって均一に抽出する

本書では度々、いかに粉全体に均等にお湯を行きわたらせることができるかが抽出の成否を決める、と述べてきました。特にお湯とコーヒーの粉が最初に触れ合う蒸らしのフェーズにおいて、コーヒーの粉全体にお湯を均等に行きわたらせることができなければ、その後の本抽出のフェーズにおいて抽出効率が大きく下がります。

コーヒーの粉とお湯が均等に満遍なく触れ合う蒸らしの環境を作ることが、抽出の肝となると言っても過言ではありません。そうすれば、焙煎豆に含まれる二酸化炭素を効率的に放出でき、抽出中にお湯とコーヒーの粉が常に接触した状況を作り出すことができます。

しかし、蒸らしの段階で十分に二酸化炭素を放出できなければ、二酸化炭素を含んだコーヒーの粉はお湯に浮きやすくなります。

また、蒸らしの段階で均等にお湯と触れさせることができなければ、お湯と触れていない粉の塊がドリッパー内に発生し、本来の溶解度に比べて低い溶解度になり、味わいも望んだものとはほど遠いものとなり得ます。

**コーヒーはお湯と触れ合った瞬間に最も成分が溶解します。** つまり、そのタイミングを逃すと溶解度が低くなる可能性があるのです。しかし、お湯を単純にフィルターベッドに注ぐだけでは均等にお湯を粉に行きわたらせることは難しいでしょう。

スプーンなどで攪拌する方法もありますが、最も簡単な方法は、**ドリッパーを揺する方法**です。お湯を注ぎ終わった直後に、ドリッパーを両手で持ち、ドリッパー内の粉とお湯を円を描くように、ドリッパーを3回ほど揺すってください。

すると、粉とお湯が満遍なくスピーディーに混ざり、効率良く蒸らすことができます。また**3投目を注ぎ終わった際も3回ほど揺する**ことで、粉がドリッパーの側面に張り付く現象を防ぎ、ドリッパー内のお湯が落ち切るまで、お湯と粉が均等に触れ合う状況を作り出すことができます。

ドリッパーを両手で持ち円
を描くように揺すること
で、効率良く攪拌できる

## 抽出時間より「コンタクトタイム」

ドリップにおける抽出時間は、2～3分程度が定説となっていますが、私は抽出時間よりも「コンタクトタイム」を気にするべきだと思っています。

このコンタクトタイムとは、**お湯とコーヒーの粉がドリッパー内で実質的に触れ合っている時間**を指す、私の造語です。例えば、蒸らしの時間を通常よりも長い約1分取ると説明していますが、お湯は約1分もドリッパー内に滞留していません。蒸らし開始時からドリッパー内のお湯が落ち切って、約1分経過するまで時間差が生じますので、どうしても抽出時間は長くなってしまいます。

したがって、本書における抽出時間は3～4分を基準としていますのでご注意ください。また抽出時間が3～4分の幅を超えた場合は、粒度が細かすぎる可能性があるので、**粒度を少し粗めに設定して調整しましょう**。

逆に3分に満たない場合は、少し細かくして調整してください。必ず粒度をコントロールして抽出時間内に収めるようにしましょう。

抽出時間で抽出の出来不出来を考えると、どうしても〝適正な〟抽出時間の範囲を超えた場合、本能的に抽出を「失敗」したと考えてしまうので、おすすめできません。

当然、ある程度の目安として抽出時間を守ることは否定しませんが、抽出時間よりお湯とコーヒーの粉が実質的に触れ合っている時間を計測する方が抽出において重要度は高いと考えています。

したがって、本書に記載している抽出時間は、一般的な抽出時間の指標より長めに設定しています。抽出時間だけを指標とせず、お湯とコーヒーの粉が実質的に触れ合っているコンタクトタイムまで考慮していただくと、新たな発見があると思います。

## 温度によって「濃度感」を調整する

コーヒーの抽出に理想的な温度帯の幅は、好みに応じて約80度から100度の間で決まります。私が普段から目安にしている温度帯は次の通りです。

**お湯の温度** ⬇ **ドリップ：92度**

また、お湯の温度は濃度感につながりますので、好みの濃度感や味わいを理解した上で、基準となる温度帯を決めましょう。

そして次に考慮すべきは、焙煎度合いです。焙煎度合いによっても、理想的な温度帯が上下します。左記にドリップの場合の目安となる温度帯を明記します。

**浅煎り** ⬇ **基準となる温度から2〜4度高め**
**中煎り** ⬇ **基準と同じ温度**
**深煎り** ⬇ **基準となる温度から2〜4度低め**

なぜ、焙煎度合いによって理想的な抽出の温度が変化するのでしょうか。その理由は、**焙煎度合いによって可溶性固形分の溶解度合いが異なる**からです。

焙煎前の生豆の細胞は、細胞膜を細胞壁が取り囲んでいる構造をしています。生豆の細胞壁は、他の植物に比べて非常に厚い構造をしており、焙煎によって生豆に熱を与え、その組織を軟化させて初めて抽出が可能となります。

焙煎が深くなればなるほど、組織が柔らかくなり、それほどのエネルギーを要することなく、可溶性固形分はお湯に溶け出します。反対に、焙煎が浅くなればなるほど、お湯のエネルギーを利用して抽出しなければ、可溶性固形分を効率的に抽出することができません。

したがって、焙煎度合いが深煎りか、浅煎りかにかかわらず同じ温度帯のお湯を使用した場合、過抽出や未抽出に陥る可能性があります。すなわち、焙煎度合いに応じた湯温を選択することで、適正量の可溶性固形分を抽出することができるのです。

可溶性固形分をお湯に溶解させることがなぜ重要かと言うと、それはダイレクトにコーヒーの味わいに影響を与えるからです。コーヒーの持つ、甘味、酸味、苦味、フレーバーをきちんと抽出するためには、適正な量の可溶性固形分をお湯に溶け込ませる必要があります。反対に、適正量の可溶性固形分をお湯に溶け込ませることに失敗した場合、それは濃度の薄さや、酸っぱさ、エグ味などにつながります。

また、水の温度帯によってコーヒーの味わいが変わるのは、水側にも理由があります。水は、温度が上がれば上がるほど水分子の運動が激しい状態を意味します。高温だと分子の熱運動が盛んなため、コーヒーの成分を低温よりも強く引き出すことができる**「抽出力」の強さ**に直結します。

例えば、浸漬法の代表であるフレンチプレスは、「注ぎ切り」タイプの抽出方法です。一度でお湯を注いで後は待つだけ、という純粋にお湯の抽出力に頼った抽出方法ですので、約100度が望ましい温度帯と言えます。

その反対に、透過法の代表格であるドリップは、「複数回に分けて断続的に注ぐ」タイプの抽出方法です。お湯の対流によって抽出を促し、新鮮なお湯を断続的に注ぎ続けるからこそ、フレンチプレスより低い温度帯である92度から96度程度が良いとされています。

この特性を利用すれば、いつもの温度では濃すぎるな、と言うときには温度を下げるだけで濃度感が薄まりますし、もう少し濃い方が良いな、と思うときには温度を上げることでその問題を解決することができます。濃度の抜本的な調整には粒度変更が最適ですが、微調整には温度帯の変更で対応しても良いでしょう。

**濃度を上げたい ➡ 温度を2〜4度「上げる」**

**濃度を下げたい ➡ 温度を2〜4度「下げる」**

より良いコーヒー体験を求めるなら、自分好みの味を正しく把握し、焙煎度合いによる適切な温度帯を知った上で、柔軟に温度を変える必要があるのです。

## ドリッパーを温める

「実質的な抽出温度」を意識することも重要です。実質的な抽出温度とは、**「ドリッパー内のお湯の温度」**を指します。すなわち、ドリッパー内でコーヒーの粉が一体何度で抽出されているのか、という考え方です。

前述した通り、ドリッパーの素材によっても実質的な抽出温度は変わります。特に多くの愛好家がいるセラミック製ドリッパーは、ドリッパーそのものの温度によって実質的な抽出温度は劇的に変わります。

冬の寒い季節、例えば室温が5度であればドリッパーも冷えきっていますので、もしドリッパーを温めずに抽出すれば、せっかくお湯の温度を測って抽出したとしても、実質的な抽出温度が大きく下がることになります。

したがって、ドリップをする際には**必ずドリッパーを温めて**抽出するようにしましょう。抽出に使用するお湯で構いませんので、しっかりとドリッパーを湯通しし、温まったことを確認して抽出を始めてください。

ドリッパーを温めることで、実質的な抽出温度をできる限り使用するお湯の温度と近づけることが可能になり、味わいのブレも少なくなります。

## コーヒーのほとんどは「水」

抽出の6つのルール以外に、味に大きく影響を与えるのは「水」です。

ドリップコーヒーに占める水の割合は、なんと**98%から99%**です。約1%から2%をコーヒーの成分（総溶解固形分）が占めます。「濃さ」で有名なエスプレッソに関しても、コーヒーの成分は、約10%程度と90%程度が水で構成されている事実は変わりません。

水には硬度と呼ばれる指標が存在します。「軟水」「中硬水」「硬水」に分類され、水中のミネラルの量で硬度は決まります。日本における抽出に理想的な水の硬度は、1リットト

お湯でドリッパーを湯通し
して、抽出温度を使用する
お湯の温度に近づける

ルあたり約30〜80ミリグラムで、**「軟水」**に当たります。

私は、**約30〜50ミリグラムの硬度**が良いと思っていますので、その範囲に収まる硬度のミネラルウォーターを購入しています。

ちなみに硬度は、ミネラルウォーターの裏のラベルに大体記載されていますので、そちらを参考に購入してください。WHO（世界保健機関）は120ミリグラム未満を軟水、それ以上を硬水と定めており、日本の水はほとんどが軟水です。

一方、ヨーロッパや北米の水には硬水も多くあり、代表的なものではエビアンなどが硬水に当たります。おすすめのミネラルウォーターは、6章でも詳しく紹介しています。

ところで、なぜ「日本における抽出に理想的な水の硬度」という言い方をしたかというと、抽出に理想的な水の硬度は、実は国ごとに異なるからであり、硬度は焙煎にも大きく影響を与えるからです。

焙煎の仕上がりを確認するために、ロースターが真っ先に行うことは味のチェックです。その際に基準となるのは、紛れもなく水なのです。

焙煎における味作りは、味のチェックと焙煎の修正を繰り返しますので、その味わいはすべて味作りに使用した水によって決まると言えます。例えば、硬度の高い水を基準に焙煎した場合は、硬度の高い水で美味しく抽出できるように焙煎のプロファイルが作られま

コーヒーは99%が水。
どの水を使うかで
味は大きく変わる。

す。

さて、このコーヒーを硬度の低い水で抽出すると、ロースターの意図した味わいとなるでしょうか。おそらく、焙煎の焦げが目立つ結果となるはずです。すなわち抽出において重要なことは、**その地域に適した水を使用することなのです。**

水道水を使用する場合は、浄水器を通したり、煮沸の時間を通常よりも長めにとって、カルキ臭を除去した状態で使用することをおすすめします。

## 水の科学――抽出に適した水の秘密

近年コーヒー業界では、水の重要性とその科学的な理解が深まってきました。その大きな契機となったのが、２０１４年のワールド・バリスタ・チャンピオンシップでイギリス代表のMaxwell Colonna-Dashwoodが行ったプレゼンテーションです。

彼のプレゼンテーションは、イギリスのバース大学に当時勤めていた、Christopher Hendonとの共同研究を通して、水がコーヒーの味わいに影響を与える科学的な背景を詳しく説明したものでした。

このプレゼンテーションは業界に衝撃を与え、間違いなく水についての理解を大きく飛躍させた出来事だったと言えます。その当時まで、コーヒーにおける水の重要性は、TDSの数値で語られてきました。

TDSとは、日本語訳で「総溶解固形分」と言います。簡潔に説明すると、水に溶け込んでいる有機物・無機物の総量を示します。つまり、カルシウムやマグネシウムなどのミネラルはもちろんのこと、**水に溶けているすべての溶解性物質の総量**のことです。

例えば、2009年11月に発表された、スペシャルティコーヒー協会（旧SCAA）による「スペシャルティコーヒーを抽出するための水」というレポートによると、理想的な水のスペックは次の通りに記載されています。

**理想のTDS数値 ⬇ 150ppm**

**許容範囲のTDS数値 ⬇ 75〜250ppm**

すなわちコーヒーの抽出に理想的な数値は、150ppmの水で、許容範囲は75ppmから250ppmとなっています。ちなみに日本の水道水のTDSは、大体100ppm

程度です。許容範囲には収まっているわけですが、TDSの問題点は、すべての電解質の総量を示すことはできますが、水の〝中身〟についてはまったくわからない点です。

そのTDSの違和感に注目したのが、Maxwellでした。彼は、イギリスのバースでカフェを経営しており、その当時は複数のロースターから豆を仕入れ、提供していました。あるとき、ロンドンから仕入れたコーヒーの味わいがおかしいことに気がつきました。

爽やかな酸味や明るいフルーティーなフレーバーがあるはずなのに、まったく味わいが異なっていたのです。抽出に関してできることをすべて試し、そのコーヒーの味わいを改善しようと試みましたが、すべて上手くいきませんでした。

そこで、仕入先のロースターに相談し、問題のコーヒーの再チェックをお願いしたところ、「品質にはまったく問題ない」との返答が返ってきたのです。もちろん、その担当者はキャリアも長いベテランで、嘘をつくような不誠実な人間ではないことをMaxwellも良く理解していました。

そこでMaxwellは、味の違いを生み出している要因は「水」ではないか、という仮説を立てて、バース大学との共同研究に乗り出したのです。

彼らは、どのミネラルがどのようにコーヒーの味わいに影響を与えるのか、徹底的に分析し、その因果関係を明らかにしています。主要なミネラルの味わいへの影響を記しておきましょう。

**カルシウム↓主に質感（ボディやマウスフィール＊）を引き出す**

**マグネシウム↓主に酸味（フルーティーさ）を引き出す**

カルシウムは抽出力の強いミネラルで、**コーヒーの濃度を引き出す**ために重要な役割を果たします。またマグネシウムは、**コーヒーのフレーバーを引き出す**ために欠かせないミネラルです。

カルシウム、マグネシウム共にコーヒーの抽出において重要なミネラルで、それぞれの役割を解明できたのは、非常に大きな成果と言えます。しかし、最も重要な発見は**「炭酸塩硬度」**の役割を解明したこと、と言えるでしょう。

炭酸塩硬度は、緩衝材のような役割を果たし、ｐＨ《ペーハー》の変化に対応する優秀な成分です。**コーヒーの味わいをバランス良くまとめてくれる**、抽出に欠かせない存在と言えます。

しかし、炭酸塩硬度の値が高すぎる場合は、豊かなフレーバーや酸味を打ち消してしまいます。逆に、炭酸塩硬度の値が低すぎる場合は、エグさ、酸っぱさ、収斂性を引き出し、コーヒーの味わいが酸味主体になります。

＊口に含んだ質感

先にあげたMaxwellのカフェでの出来事は、まさに炭酸塩硬度の仕業だったのです。TDS値がたとえ許容範囲に収まっていたとしても、炭酸塩硬度に大きな差が生まれれば、コーヒーの味わいを根本から覆してしまいます。

硬度がゼロか限りなくゼロに近い水（蒸留水やRO水）が、コーヒーの抽出に向いていないのは、こうした理由です。したがって、「コーヒーの抽出には蒸留水を！」という広告を見かけますが、ミネラルがなければ、コーヒーの味わいは引き出されませんので、注意が必要です。

では、硬度は高ければ高いほどコーヒーの抽出に好ましいのでしょうか？　実は、硬度が高すぎても、コーヒーの味わいは効率良く抽出されません。コーヒーの成分を引き出すための水中のスペースが、ミネラルに占拠されてしまうからです。硬度が高過ぎると必然的に炭酸塩硬度も上がり、結果として起伏のない味わいになるため、こちらもおすすめできません。

水を変えると劇的にコーヒーの味わいは変化します。ぜひ異なるミネラルウォーターを使って、好みの味わいを再現できる水を探してみてください。

## 世界一美味しくする抽出ポイントまとめ

ここまで自分好みの「世界一美味しいコーヒー」を淹れるために必要な抽出技術や思考法をお伝えしてきましたが、少し難しく感じたかもしれません。

最後にここでは、抽出の6つのルールに加えて、前の節で触れた「抽出比率」「揺すり」「水」などの、計量から抽出に至るすべてのポイントをまとめておきます。

ご紹介した情報や技術は、私の抽出に対する考え方を反映させたものです。私は数値をもとに抽出をデザインした上で、適切な技術を用いて均一な抽出を促進し、効率良く可溶性固形分を引き出すことが、自分好みの「世界一美味しいコーヒー」に一歩近づく最良の方法だと考えています。それでは抽出時のポイントを整理してみましょう。

### ●豆の重さ

計量スプーンで計量せずに、コーヒー豆はスケールで計量しましょう。浅煎りであろうとも深煎りであろうとも、一貫した重量でコーヒーを正確に測ることができます。

**●お湯の重さ**

サーバーの目盛りを目安とするのではなく、実質的に使用しているお湯の量を計測するようにしましょう。そのために、コーヒーの粉、ドリッパー、ペーパーフィルター、サーバーをスケールに載せて、ゼロ設定をしてからお湯を注ぎます。

**●抽出比率**

使用する湯量100グラムに対して、コーヒー豆は6〜8グラムを使用します。濃度感の好みに応じて、使用する粉量は微調整すると良いでしょう。

**●抽出時間／コンタクトタイム**

一般的な抽出時間の目安は2〜3分程度ですが、本書における抽出時間は「3〜4分」が目安となります。ただ、ドリッパー内でお湯とコーヒーが触れ合っている時間を指す「コンタクトタイム」の方が重要です。たとえ抽出時間が3分を超えたとしても、コンタクトタイムが2〜3分の間に収まっていれば、問題はありません。

### ●温度

抽出時に使用する湯温をコントロールしましょう。焙煎度合いに応じて、抽出湯温を柔軟に変えることも重要です。例えば、浅煎りの場合と深煎りの場合では基準となる温度（92度）から2～4度を増減させることで、焙煎度合いに応じた抽出湯温で抽出することができます。抽出前には、ドリッパーを温めることを徹底しましょう。

### ●蒸らし

フィルターベッドがフワッと膨らむコーヒードームができること、注いだお湯がドリッパーから落ちなければ蒸らしは成功とする説は、本書における蒸らしのゴールとは関係がありません。蒸らしのゴールとは、粉全体にお湯を行きわたらせ、二酸化炭素を効率良く放出し、本抽出フェーズで効率良く可溶性固形分を引き出す下準備です。蒸らしは30秒程度が一般的ですが、約1分を目安に蒸らすと、溶解度が劇的に向上します。

### ●注ぎ方（流量・流速・回数・高さ）

蒸らしフェーズにおける適切な流量・流速は秒速3～4ミリリットル程度、抽出フェーズにおける適切な流量・流速は秒速5～7ミリリットル程度です。注ぐときは、水流によるドリッパー内の粉の攪拌状況を加味して、5センチの高さから注ぎましょう。フィルターベッドの中央から外側へ渦を巻くように円を描いて注ぎ、ドリッパーの壁まで臆せずお湯をかけてください。

### ●揺すり

蒸らしのフェーズでお湯を注ぎ終わった直後に、ドリッパーを両手で持ち、ドリッパー内の粉とお湯を円を描くように、ドリッパーを3回ほど揺すってください。すると、粉とお湯が満遍なくスピーディーに混ざり、効率良く蒸らすことができます。

また3投目を注ぎ終わった際も3回ほど揺することで、粉がドリッパーの側面に張り付く現象を防ぎ、ドリッパー内のお湯が落ち切るまで、お湯と粉が均等に触れ合う状況を作り出すことができます。

### ●水

1リットルあたり約30〜50ミリグラムの硬度のミネラルウォーターを使用すると良いでしょう。硬度が極端に高い水や、蒸留水や純水など硬度がゼロの水は抽出には不適切です。水道水を使用する場合は、煮沸するとカルキ臭を除去できます。

[ 動画で公開中！ ]

YouTubeで実演をチェック

世界一美味しいコーヒーの淹れ方 検索 で検索

## ドリッパーを揺する

・ドリッパーを円を描くように3回ほど揺する

・お湯と粉を均等に攪拌する

・開始から約1分まで

※ドリッパー内のお湯と粉を、思い切ってスピンさせるようにドリッパーを揺らすこと

↓

## 本抽出

**2投目**

・60g（20%）を注湯

・秒速5～7mlのスピード

・中心から渦を巻くように満遍なく注ぐ

・開始から約2分まで

※約2分までにドリッパー内のお湯が落ち切らない場合は、粒度をもう少し粗くする

↓

## 本抽出

**3投目**

・180g（60%）を注湯
（スケールの表示が300gに到達するまで）

・側面に粉が張り付くことを防ぐために、再びドリッパーを3回揺する

・お湯が落ちたら抽出完了

※抽出時間が3～4分程度、コンタクトタイムが2～3分以上かかる場合は、粒度をもう少し粗くする。お湯が落ち切った際に、フィルターベッドが平坦になっていたら成功

# 基本的な抽出レシピ

※300gの湯量の場合

## 豆とお湯の計量

・豆18g（中煎りの場合）
・92℃のお湯を沸かす
・300gより多くお湯を沸かす
（湯通しするため）

※30～50mg/Lの硬度のミネラルウォーターを使用

↓

## ドリッパーを温める

・ペーパーフィルターを設置
・ドリッパーに湯通しする
・挽いた粉を入れる
・粉を平らにする

※ドリッパーがセラミックのときは十分温めること

↓

## 抽出開始／蒸らし

**1投目**

・60g（20%）を注湯
・秒速3～4mlのスピード
・5cmの高さ
・中心から外側へ向かって渦を巻くように全体に満遍なく注ぐ

※0にセットしたスケールの上で60g分を測って注湯。タイマーで時間の計測をスタート

CHAPTER 5

# 「基本味」5杯の魔法レシピ

キレ・コク・スッキリ・まろやかの後口に
バランスを加えた5つの基本味
バリスタおすすめレシピ

## [ ポイント解説 ]

キレを求める場合、重要な点は**粒度を細かめに設定する**ことで濃度を高め、**酸味を引き出しやすいコーヒー豆と焙煎度合い**を選ぶことです。

一般的に**ケニア**（ウォッシュド）や**コロンビア**（ウォッシュド）はキレのある味わいを引き出しやすい銘柄ですので、焙煎度合いも**浅煎りから中煎り**のコーヒー豆を選ぶとキレのある味わいを引き出しやすくなるでしょう。ドリッパーは流速が比較的速い**V60やコーノ**を使用すると良いと思います。

## [ アレンジアドバイス ]

**抽出温度を高め**に保持することで、キレのある酸味をより引き出すことができます。**セラミック製のドリッパー**を使用することで、高い抽出温度を保持することができますので、よりキレを求める方にはおすすめです。その際は必ずドリッパーを入念に温めてから使用し、抽出中も風通しの良い場所で抽出はしないでください。また**マグネシウムが豊富なミネラルウォーター**で抽出することで、よりキレのある酸味を引き出すことができます。

味わい判定表①

# キレ

レシピ1

## 芳醇で濃厚な香りと際立つ酸味

［キレを求めるあなたへ］

---

- **おすすめのコーヒー**：ケニア（ウォッシュド）、コロンビア（ウォッシュド）、中米全般（ウォッシュド）など
- **焙煎度合い**：浅煎り〜中煎り
- **水**：硬度30mg/L程度のミネラルウォーター
- **粒度**：中細挽き
- **抽出比率**：水100g：豆6g（水300g：豆18g）
- **湯温**：94〜96℃
- **コンタクトタイム**：2〜2分30秒
- **抽出時間**：3〜4分
- **ドリッパー**：V60・コーノ

## [ ポイント解説 ]

コクを引き出すためには、濃度を高めに設定し、苦味を引き出す必要があります。苦味を引き出すためには、**焙煎度合いが深めの豆**を選択することが必須です。そのため焙煎度合いがある程度深ければ、どのような銘柄でも良いと思います。

濃度感を引き出すために、抽出比率を100gの水あたり**8g**のコーヒーに変更し、その代わり粒度は**中粗挽き**にします。粒度設定を細かくせず、その代わりに粉の量を増やした理由は、過抽出を防ぐためです。

焙煎度合いが深くなると溶解性が向上するため、粒度設定を細かくするとエグ味や収斂性が顕著になります。**湯温を下げている**理由も同じです。また強い濃度感を引き出したい場合は、**流速の遅いメリタ**で抽出するとなお良いかと思います。

## [ アレンジアドバイス ]

さらなる濃度感を求める場合は、**蒸らし時間を1分半まで**延ばしてください。インドネシアのボディ感を最大限引き出すために、**カルシウム豊富なミネラルウォーター**を使うことで、よりボディ感を引き出すことが可能です。苦味が気になる場合は、お湯の温度を**2℃下げて**抽出してみてください。

**味わい判定表②**

# コク

**レシピ2**

## ボディと苦味の重厚な風味

［コクを求めるあなたへ］

- **おすすめのコーヒー**：インドネシア（ウォッシュド）、深煎り全般、など
- **焙煎度合い**：中深煎り～深煎り
- **水**：硬度30mg/L程度のミネラルウォーター
- **粒度**：中粗挽き
- **抽出比率**：水100g：豆8g（水300g：豆24g）
- **湯温**：88～90℃
- **コンタクトタイム**：2～2分30秒
- **抽出時間**：3～4分
- **ドリッパー**：カリタウェーブ・メリタ・カリタ3つ穴

## [ ポイント解説 ]

スッキリさを求める場合、**酸味の引き出しやすいコーヒー豆**を選ぶことが重要です。濃度を「キレのある味わい」より低く設定するために、**中挽き**でまずは試してみましょう。

コーヒー豆は**エチオピア**（ウォッシュド）、**ゲイシャ種**（ウォッシュド）、**中米全般**（ウォッシュド）がおすすめです。中米全般と幅広く括っていますが、中でも**グアテマラ**（ウォッシュド）がおすすめです。

## [ アレンジアドバイス ]

スッキリさを求める場合に重要になるのは、**粒度設定**です。あまりに大胆に粗くしてしまうと水っぽくなってしまうので、粒度を変更する際は少しずつ変えてください。もし粒度設定が細かく変更できないグラインダーの場合は、抽出比率を**7g**に微調整した上で適切な濃度感を引き出してみてください。またエチオピアやゲイシャ種のような香りの豊かなコーヒーを楽しむ際には、**縁の薄いティーカップ**のようなカップで味わうと、香りと繊細な味わいをより一層楽しむことができます。

味わい判定表③

# スッキリ

レシピ3

## 軽やかで爽やかな酸味とフルーティー感

［スッキリさを求めるあなたへ］

---

- **おすすめのコーヒー：**エチオピア（ウォッシュド）、ゲイシャ種（ウォッシュド）、中米全般（ウォッシュド）など
- **焙煎度合い**：浅煎り～中煎り
- **水**：硬度30mg/L 程度のミネラルウォーター
- **粒度**：中挽き
- **抽出比率**：水100g：豆6g（水300g：豆18g）
- **湯温**：94 ～ 96℃
- **コンタクトタイム**：2 ～ 2分30秒
- **抽出時間**：3 ～ 4分
- **ドリッパー**：V60・コーノ

## [ ポイント解説 ]

まろやかさを引き出すためには、濃度は低め、苦味はある程度強めの味わいを狙う必要がありますので、焙煎度合いは**中深煎りから深煎り**を選びましょう。

コーヒー豆のエリアは中米の中でも**エルサルバドル**などが特に相性が良いと思います。抽出比率は「コク」と同じ比率ですが、粒度設定を**若干粗め**にすることで濃度感を少し下げる工夫をしています。

## [ アレンジアドバイス ]

抽出湯温を基準より**2℃ほど下げる**ことで、よりまろやかな味わいを追求することができます。100gの水あたり8gの抽出比率で少し濃度感が高いと判断した場合は、**7g**にコーヒーを減らして再度微調整してください。それでも濃度感が高い場合は、**粒度設定をほんのわずかに粗く**して再度調整すると、より自分好みの濃度感に近づけると思います。

味わい判定表④

# まろやか

レシピ4

## ほのかな苦味と やわらかい口当たりの マイルドさ

［まろやかさを求めるあなたへ］

- **オススメのコーヒー**：ブラジル（ナチュラル）、中米（ウォッシュド）など
- **焙煎度合い**：中深煎り〜深煎り
- **水**：硬度30mg/L程度のミネラルウォーター
- **粒度**：中粗挽き〜粗挽き
- **抽出比率**：水100g：豆8g（水300g：豆24g）
- **湯温**：90〜92℃
- **コンタクトタイム**：2〜2分30秒
- **抽出時間**：3〜4分30秒
- **ドリッパー**：カリタウェーブ・メリタ・カリタ3つ穴

## [ ポイント解説 ]

マイルドさが好みの場合、酸味と苦味の中間あたり、そして濃度も濃すぎず、薄すぎず、というポイントを狙う必要がありますが、特に**ブラジル（ウォッシュド）の中煎り**を試してみるのがスタートとしては良いでしょう。

エチオピアやゲイシャ種のナチュラル（天日干し）は、抽出次第でマイルドさの枠から大きく外れてしまうので、できれば中米は**コスタリカ**を試してみると良いかと思います。ドリッパーは**カリタウェーブやカリタ３つ穴のドリッパー**を使用すると良いでしょう。

## [ アレンジアドバイス ]

よりバランスの良い柔らかい味わいを追求したい場合は、湯温を**90～92℃**で試してみてください。また**蒸らし時間も１分半まで**取って、しっかりと可溶性固形分を引き出すとバランスの良い味わいを楽しめます。

味わい判定表⑤

# バランス

レシピ5

## 甘さと酸味の
## 絶妙なハーモニー

［バランスを求めるあなたへ］

- **おすすめのコーヒー**：ブラジル（ウォッシュド）、中米全般（ウォッシュド・ナチュラル）など
- **焙煎度合い**：中煎り
- **水**：硬度30mg/L程度のミネラルウォーター
- **粒度**：中粗挽き〜粗挽き
- **抽出比率**：水100g：豆8g（水300g：豆24g）
- **湯温**：92〜94℃
- **コンタクトタイム**：2〜2分30秒
- **抽出時間**：3〜4分
- **ドリッパー**：カリタウェーブ・カリタ3つ穴

# CHAPTER 6

# おすすめコーヒーグッズ18

自宅でバリスタの味を
再現するのに役立つ最強ツール。
道具が変われば味も変わる！

# ハンドミル（手挽きミル）

## 4

### Comandante／コマンダンテC40（Comandante）

世界最高峰のドイツ製手挽きミル。世界トップのバリスタも競技会で使用するほど高スペックです。ニトロブレードと呼ばれるステンレス鋼素材を刃に採用し、高精度なアライメント（刃の噛み合わせ）により、素晴らしい粒度を作り出します。私も愛用しています。

photo:
http://www.comandantegrinder.com/ より

## 5

### コーヒーミル（PORLEX）

細挽きから粗挽きまで好みの粒度が調整でき、さらにスマートな外観とコンパクトな設計なので、アウトドアにも向いています。セラミック刃を使用しているため耐久性が高く、水洗いもできるのでメンテナンスも容易な国産グラインダーです。

photo:
http://www.porlex.co.jp/ より

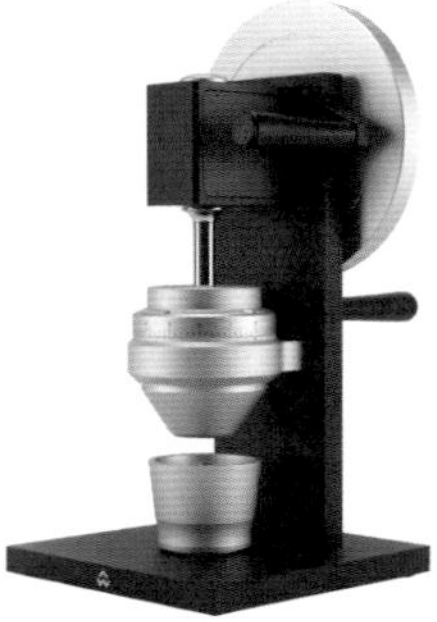

## 6

### HG-1（Lyn Weber）

元Apple社でプロダクトデザインチームのアジア責任者まで務めたダグラス・ウェーバーの「Lyn Weber Workshops」の超高性能ハンドミル。通常は数十万円のグラインダーに搭載されている刃を使用し、粒度は業務用クラス。挽き残しもまったくありません。デザイン性は無駄がなく非常に美しい仕上がりです。

# ミネラルウォーター

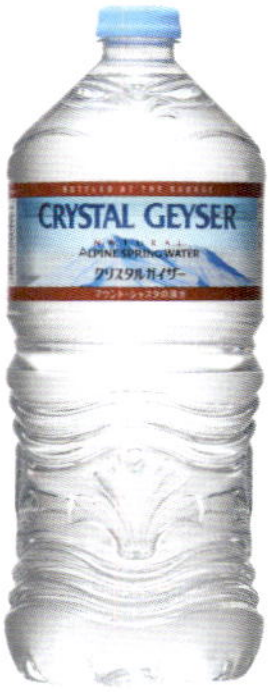

## 1

### サントリー天然水（サントリー）

写真は「南アルプスの天然水」。日本各地で最も手に入りやすく、深煎りにも浅煎りにも向いている万能型のお水です。コストパフォーマンスも良く、我が家でも愛用しています。留意点は、地方によって硬度が若干異なる点です。 特に九州地方で売られている「サントリー阿蘇の天然水」は硬度がかなり高めです。コーヒーとの相性に注意しましょう。

## 2

### クリスタルガイザー（大塚食品）

硬度は約38mg/Lと海外製品にしては珍しく軟水。マグネシウム含有量が国産のものより高いので、酸味やフレーバーの輪郭を引き出したい場合にうってつけの水です。浅煎りの「キレ」「スッキリ」カテゴリーに属するコーヒーはもちろん、ゲイシャ種やナチュラル・プロセスのようなフレーバー豊かなコーヒーを抽出する際に試したいミネラルウォーターです。

## 3

### 丸山珈琲の基準水（丸山珈琲）

硬度はサントリー南アルプスの天然水と同じく約30mg/Lですが、カルシウムとマグネシウムのバランスが非常に優れており、コーヒーの舌触り、酸味やフレーバーもしっかり抽出できる「コーヒー専用」のミネラルウォーターです。「キレ」「スッキリ」「コク」「まろやか」「バランス」全カテゴリーに属するコーヒーに使用できる万能型の水です。

## 9

### Svart Aroma／スヴァート アロマ（Wilfa）

ウィルファは、1948年創業のノルウェーのキッチン家電メーカー。ノルウェー出身の2004年のワールド・バリスタ・チャンピオンであり、世界的に有名なロースターでもある「Tim Wendelboe」が監修した家庭用グラインダーが、「Svart」です。ステンレスのコニカル刃を採用し、粗挽きからエスプレッソ挽きまで幅広く対応できる優れものです。

photo : https://www.wilfa.no/ より

## 10

### Encore Conical Burr Coffee Grinder（Baratza）

バラッツァは、アメリカのシアトルに本拠地を置く、スペシャルティコーヒーに特化したグラインダーメーカー。性能的には、ウィルファのスヴァートに似ています。粗挽きからエスプレッソ挽きまで対応しているので、幅広いニーズに応えてくれるグラインダー。またバラッツァには、Forte-BG（フォルテ）という高価格帯シリーズもあり、粉量のグラム数計測も可能なハイスペックグラインダーとして秀逸。

photo : https://www.baratza.com/ より

# 電動グラインダー

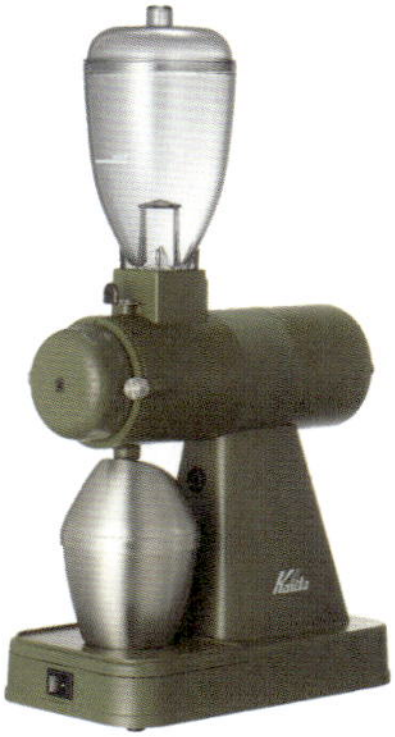

## 7

### NEXT G
### (カリタ)

カリタがリリースした家庭用電動グラインダーの最高峰。電動グラインダーをお使いの方であれば静電気で粉が飛び散る経験が必ずあると思いますが、NEXT Gには静電気除去機能がついており、粉の飛散を防いでくれます。粒度も均一でドリップ向きのグラインダーと言えます。低速回転で摩擦熱を防ぎ、静音性の高い仕様となっています。挽き目設定も15ステップありますので、自由度の高い粒度設定が可能です。

## 8

### みるっこ コーヒーミル R-220
### (富士珈機)

業務用として小規模の喫茶店やコーヒーショップに導入実績のある「みるっこ」も家庭用としておすすめしています。グライド式臼刃と呼ばれる、すり潰すように挽き出す刃を導入しており、特に中挽きから粗挽きの粒度の揃いが秀逸なグラインダー。また、微粉が比較的出にくいのでドリップに向いています。「コク」「まろやか」のカテゴリーに属する味わいが出やすい深煎りのコーヒー豆と相性が良いグラインダーです。

# 13

## V60 オートプアオーバー Smart7 BT（HARIO）

ハンドドリップを再現するコーヒーメーカーとして、V60ドリッパーで有名なHARIO社からリリースされたIoT型コーヒーメーカーの第1弾。ハンドドリップにおいて味わいを決める重要な要素となる、湯温・湯量・スピード（流速）がコントロールできるコーヒーメーカーです。タッチパネルから既存のレシピを使って気軽に抽出することもでき、自分のレシピをアプリ上で共有することができます。

# 14

## V60 オートプアオーバー SmartQ サマンサ（HARIO）

スマートフォンを使って直感的にレシピを作ることができます。バリスタモードを使えば、自分好みの湯量や注湯回数を設定でき、自分好みのドリップを忠実に再現することも可能。タンク容量も大きくなり連続抽出もできるので、こだわりは強いけど楽に美味しいコーヒーを飲みたいユーザーに最適です。

# コーヒーメーカー

## 11

### モカマスター KBGC741A0 シリーズ(TECHNIVORM)

オランダ発のコーヒーメーカーで、世界中で愛用されているハイスペックなコーヒーメーカー。通常のコーヒーメーカーは抽出温度がブレたり低すぎたりすることがネックですが、モカマスターは92～96℃と非常に高温で抽出できます。また保温プレートも好みに応じて温度を変更できる仕様となっていますので、好みに応じた温度帯でコーヒーを楽しむことができます。

## 12

### スヴァート プレシジョン オートマティック (Wilfa)

ノルウェーのウィルファのコーヒーメーカー。多くのコーヒーメーカーは出始めのお湯は少し温度が低めで段々と温度が上がっていきますが、このコーヒーメーカーはお湯が出る瞬間から高温で抽出できます。また、ドリッパーの下部に流量をコントロールできるタブがついており、お好みでゆっくり抽出できたり、早く抽出できる自由度の高いコーヒーメーカーです。

photo : https://www.wilfa.no/ より

## 17

### V60ドリップスケール（HARIO）

抽出時間と重量を同時に測ることができるコーヒー専用のスケールとして、世界中で幅広く使われています。時間とスケール機能が並列にディスプレイされており、容易に抽出状況が把握できます。抽出に必要最低限の機能しか実装していないので、価格もお求めやすく、まずはコーヒー専用のスケールが欲しい、というユーザーにうってつけです。

## 18

### acaia コーヒースケール pearl（acaia）

スペシャルティコーヒーに特化したブランドのスケール。この製品はスケールと端末をBluetoothでつなげることで、自分のお気に入りのレシピを保存したり、共有できたりする優れものです。また設定したレシピをもとに、達成率も表示されますので、視覚的にもわかりやすく、自分の抽出の出来不出来を客観的に理解できるのも特徴です。

## 電気ケトル／温度計

### 15
### bonaVITA 1L グースネック電気湯沸ケトル（Bonavita）

温度調整機能付きケトル。私も愛用しています。60 〜 100℃まで 1 度単位で温度設定ができ、設定温度での保温もできますので、コーヒー専用のケトルとしても、温度管理の側面からも優秀なケトルだと思います。グースネックと呼ばれる注ぎ口が、注湯の微細なコントロールを可能にし、流量・流速を容易に管理できます。

### 16
### アプレシア エージー・プラス コントロール 0.8L（ティファール）

沸騰までのスピードが速く、かつ80℃からは5℃単位で温度設定と保温も可能。注ぎにくいと思われる方もいるかもしれませんが、注ぎ口からお湯が垂れにくく、細く注ぐことも実は可能です。コーヒー専用のケトルと比較すれば湯量や注湯スピードをコントロールすることは難しいですが、スタートとしては十分なクオリティです。

# おわりに

私がコーヒー業界に飛び込んでから約15年の歳月を経て、コーヒーを取り巻く環境は激変しました。

新たな品種の台頭、抽出機器やグラインダーなどの劇的な進化、抽出に関する論理的かつ科学的アプローチの普及、焙煎技術の向上……今日では、15年前には想像もできなかったような素晴らしい味わいのコーヒーを気軽に楽しむことができるようになりました。

しかし、喜ばしい発展もある一方で、コモディティマーケットでは農家の生産コストを下回る価格でコーヒーが取引され、地球温暖化の影響で２０５０年にはアラビカ種の栽培が多くの地域で困難になるかもしれない、という悲観的な予測がなされていることも事実です。

人類がこの上なく愛する「コーヒー」という神からの贈り物を持続可能なものにするために私たちができることは、生産者の顔が見える透明性の高い取引によって買い付けられたコーヒーを選ぶことではないでしょうか。そして「自分好みの世界一美味しい1杯」を見つけ、日々幸せな気持ちで平和にコーヒーを淡々と楽しむこと。

それが、コーヒーの与える底知れぬ人生への影響を考慮するきっかけとなり、コーヒーの価値を真に感じられる瞬間となると信じています。そして本書がその一助となれば、心から嬉しく思います。

コーヒーは、今や世界中で1日20億杯も飲まれている、私たちの生活になくてはならない飲み物です。人々は、なぜここまでコーヒーに魅了されているのでしょうか。「コーヒーとは一体何なのか」――この根源的な問いに対する私なりの答えは、コーヒーとは「異世界に誘う存在である」というものです。

私たちは現実世界の苦しみや辛さから逃げ出す手段として、コーヒーを生活に取り入れたのではないかと思うのです。

コーヒーを口にする一瞬でもその苦しみや辛さを忘れることができれば、自分だけが知っている「異世界」で心を休ませることができる。コーヒーとは人間の「生きる」という根源的な願望に密接に関連しているからこそ、世界中の人々を長年虜にしてきたのではないでしょうか。

つまり、コーヒーを飲む瞬間の「ホッ」とする感情は万国共通だと思うのです。日々忙しく、重責を抱えて生きる現代人にとって、コーヒーと共に過ごす時間は、「前向きな現実逃避」の手段であり、かけがえのない休息を心身にもたらすものなのです。

また、コーヒーは「人とのつながり」を紡ぐことができます。

たった1杯のコーヒーで、人種も、言葉も、肌の色も、国籍も異なる人々と理屈なしでつながることができる、こんな素晴らしい飲み物はコーヒーだけだと思います。そこに政治、宗教、文化の違いはありません。

コーヒーには「違い」を乗り越えて、人をつなげるとても強い力があるのです。

世界中の人がコーヒーを飲み、同じようにホッとできる。そして何気ない幸せを共有できます。

以前、ある有名な経営者の方から「井崎君、君のビジョンはなんだい？」と聞かれた際に、「世界平和です」と答えて、ふざけているのか、と怒られましたが、私は大真面目です。きっと、コーヒーから生まれる何気ない幸せの連鎖を世界中で育むことができれば、世界から争いはなくなり、世界平和が達成できると本気で信じています。

そんな経験から、私は「Brew Peace」というビジョンを掲げて活動しています。美味

しいコーヒーを通して得られる小さな幸せの輪の連鎖、その先に優しい社会の実現がある、それが私の目指す未来であり、私がコーヒーに携わる理由なのです。

この本を執筆するにあたり、ダイヤモンド社の市川さんには約2年間にわたり辛抱強く付き合っていただきました。また著書を執筆する機会をいただけたことは、バリスタの職業的価値の向上に大きく寄与すると信じています。根気強くご指導くださり、ありがとうございました。心より感謝したいと思います。

また、コーヒー業界の2人の父に感謝の意を表します。父・井崎克英は、目標を見失っていた私をコーヒー業界に導いてくれました。株式会社丸山珈琲の丸山健太郎社長は世界チャンピオンになるまで辛抱強く育ててくれました。

最後に最愛の妻に心からの感謝を。世界中を飛び回る生活の中、誰よりも私のことを信じ、常に私が「私らしく」活躍できるように公私にわたりサポートしてくれています。今の自分が在るのは妻のおかげです。本当にありがとう。

コーヒーが創る平和な世界を夢見て

井崎英典

［著者］
**井崎英典**（いざき・ひでのり）
第15代ワールド・バリスタ・チャンピオン
株式会社QAHWA代表取締役社長
1990年生まれ。高校中退後、父が経営するコーヒー屋「ハニー珈琲」を手伝いながらバリスタに。法政大学国際文化学部への入学を機に、（株）丸山珈琲に入社。2012年に史上最年少でジャパン・バリスタ・チャンピオンシップにて優勝し、2連覇を成し遂げた後、2014年のワールド・バリスタ・チャンピオンシップにてアジア人初の世界チャンピオンとなり、以後独立。現在は年間200日以上を海外で過ごしつつ、コーヒーエヴァンジェリストとしてBrew Peaceのマニフェストを掲げてグローバルに活動。ヨーロッパやアジアを中心に、コーヒー関連機器の研究開発、小規模店から大手チェーンまで幅広く商品開発や人材育成を行っている。 日本マクドナルドの「プレミアムローストコーヒー」「プレミアムローストアイスコーヒー」「新生ラテ」の監修、中国最大のコーヒーチェーン「luckin coffee」の商品開発や品質管理なども担当。NHK『逆転人生』他、テレビ・雑誌・WEBなどメディア出演多数。

ワールド・バリスタ・チャンピオンが教える
**世界一美味しいコーヒーの淹れ方**

2019年12月18日　第1刷発行
2023年5月22日　第9刷発行

著　者――井崎英典
発行所――ダイヤモンド社
〒150-8409　東京都渋谷区神宮前6-12-17
https://www.diamond.co.jp/
電話／03･5778･7233（編集）　03･5778･7240（販売）

装丁――井上新八
本文デザイン・DTP――二ノ宮匡（ニクスインク）
撮影――京嶋良太
校正――鷗来堂
製作進行――ダイヤモンド・グラフィック社
印刷／製本――勇進印刷
編集担当――市川有人

©2019 Hidenori Izaki
ISBN 978-4-478-10956-4
落丁・乱丁本はお手数ですが小社営業局宛にお送りください。送料小社負担にてお取替えいたします。但し、古書店で購入されたものについてはお取替えできません。
無断転載・複製を禁ず
Printed in Japan

自分好みの味が見つかる

# コーヒー手帳

杯目

年　月　日

| レシピ | メモ |
| --- | --- |
| ・豆　生産国・品種・重さなど | |
| ・焙煎度合い | |
| ・水 | |
| ・粒度 | |
| ・抽出比率（水：豆） | |
| ・湯温 | |
| ・コンタクトタイム | |
| ・抽出時間 | |
| ・ドリッパー | |

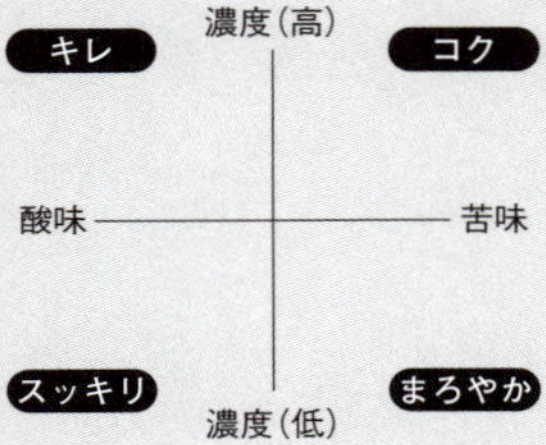